SV

Lektüre zwischen den Jahren

DIE GUNST DES AUGENBLICKS

AUSGEWÄHLT VON
HANS-JOACHIM SIMM

SUHRKAMP VERLAG

Umschlagabbildung:
Claude Monet, Die Straße nach Vétheuil
(Ausschnitt), 1879

Quellenhinweise am Schluß des Bandes
Satz: jürgen ullrich typosatz, Nördlingen
Druck: Friedrich Pustet, Regensburg
Printed in Germany
Erste Auflage 2001
ISBN 3-518-41237-X

1 2 3 4 5 6 – 06 05 04 03 02 01

Jeden Augenblick des Lebens, er falle, aus welcher Hand des Schicksals er wolle, uns zu, den günstigen, so wie den ungünstigen, zum bestmöglichen zu machen, darin besteht die Kunst des Lebens, und das eigentliche Vorrecht eines vernünftigen Wesens.

Georg Christoph Lichtenberg

Es ist schwer, gegen den Augenblick gerecht sein: der gleichgültige macht uns lange Weile, am guten hat man zu tragen und am bösen zu schleppen.

Johann Wolfgang Goethe

Es ist nur gut, daß alle aufgeregten Augenblicke des Lebens auch immer ein drolliges Element in sich haben.

Paul Scheerbart

Zwölf Nächte

Zwölf Nächte nahen weiß verhüllt,
aus Urnen stäubt der Schnee.
Die geisterhafte Asche füllt
den nebelgrauen See.

Die Elster flattert schwarz und weiß
im schattenlosen Wind.
Zerfetzte Kiefern knarrn im Eis,
das Land liegt maulwurfsblind.

Nicht ruhn bei Münzen, Ring und Krug
die Toten unterm Stein.
Der Mond weht wie ein weißer Spuk.
Die Öde hüllt sie ein.

Die Dämmerung von Stimmen hallt,
die nie ein Ohr erlauscht.
Die Toten gehen, wo überm Wald
die kalte Asche rauscht.

Und gräbst du durch das Eis der Nacht,
wie es der Spruch gewollt,
dein Spaten schürft und hebt im Schacht
der Fäulnis fahles Gold.

Du findest nur den Schmerz der Zeit,
die Erde feucht von Blut.
Und unterm Schutt, zum Biß bereit,
der Schlangen nackte Brut.

Zertritt ihr Haupt und scheu den Biß.
Horch in den Wald, bleib stumm.
Noch herrscht der Glanz der Finsternis,
noch geht der Würger um.

Doch nicht erstickt der Nacht Gewalt
der Seele stilles Licht.
Weht auch der Hauch der Asche kalt,
die Finsternis zerbricht.

PETER HUCHEL

Schönes Heute

Morgen – was wird morgen sein?
Trauer, Sorge, wenig Freude,
Schweres Haupt, vergoßner Wein –
Du sollst leben, schönes Heute!

Ob die Zeit im schnellen Flug
Wandelt ihren ewigen Reigen,
Dieses Bechers voller Zug
Ist unwandelbar mein eigen.

Meiner losen Jugend Brand
Lodert hoch in diesen Tagen.
Tod, da hast du meine Hand,
Willst du mich zu zwingen wagen?

HERMANN HESSE

Ein jegliches hat seine Zeit, und alles Vornehmen unter dem Himmel hat seine Stunde.

Geboren werden und sterben, pflanzen und ausrotten, was gepflanzt ist, würgen und heilen, brechen und bauen, weinen und lachen, klagen und tanzen, Steine zerstreuen und Steine sammeln, herzen und ferne sein von Herzen, suchen und verlieren, behalten und wegwerfen, zerreißen und zunähen, schweigen und reden, lieben und hassen, Streit und Friede hat seine Zeit.

Man arbeite, wie man will, so hat man doch keinen Gewinn davon.

Ich sah die Mühe, die Gott den Menschen gegeben hat, daß sie darin geplagt werden. Er aber tut alles fein zu seiner Zeit und läßt ihr Herz sich ängsten, wie es gehen solle in der Welt; denn der Mensch kann doch nicht treffen das Werk, das Gott tut, weder Anfang noch Ende. Darum merkte ich, daß nichts Besseres darin ist denn fröhlich sein und sich gütlich tun in seinem Leben. Denn ein jeglicher Mensch, der da ißt und trinkt und hat guten Mut in aller seiner Arbeit, das ist eine Gabe Gottes.

Ich merkte, daß alles, was Gott tut, das besteht immer: man kann nichts dazutun noch abtun; und solches tut Gott, daß man sich vor ihm fürchten soll. Was geschieht, das ist zuvor geschehen, und was geschehen wird, ist auch zuvor geschehen; und Gott sucht wieder auf, was vergangen ist.

Weiter sah ich unter der Sonne Stätten des Gerichts, da war ein gottlos Wesen, und Stätten der Gerechtigkeit, da waren Gottlose. Da dachte ich in meinem Herzen: Gott muß richten den Gerechten und den Gottlosen; denn es hat alles Vornehmen seine Zeit und alle Werke. Ich sprach in meinem Herzen: Es geschieht wegen der Menschenkinder, auf daß Gott sie prüfe und sie sehen, daß sie an sich selbst sind wie das Vieh. Denn es geht dem Menschen wie dem Vieh: wie dies stirbt, so stirbt er auch, und haben alle einerlei Odem, und der Mensch hat nichts mehr als das Vieh; denn es ist alles eitel. Es fährt alles an einen Ort; es ist alles von Staub gemacht und wird wieder zu Staub. Wer weiß, ob der Odem der Menschen aufwärts fahre und der Odem des Viehes abwärts unter die Erde fahre?

So sah ich denn, daß nichts Besseres ist, als daß ein Mensch fröhlich sei in seiner Arbeit; denn das ist sein Teil. Denn wer will ihn dahin bringen, daß er sehe, was nach ihm geschehen wird?

PREDIGER SALOMONIS

Gefragt, wie er so viele Dinge in so kurzer Zeit vollbracht habe, antwortete Alexander: »Indem ich nichts aufgeschoben habe.«

SOKRATES

Der Augenblick. Denn das Augenblickliche scheint etwas Derartiges zu bezeichnen, daß von ihm aus etwas in den einen oder anderen von zwei entgegengesetzten Zuständen übergeht. Denn nicht aus der Ruhe geht etwas, während es noch ruht, in die Bewegung über, noch aus der Bewegung, während es sich noch bewegt, in die Ruhe über, sondern der Augenblick, dieses wunderbare Etwas, liegt zwischen der Bewegung und der Ruhe, keiner Zeit angehörig, und in ihm und aus ihm geht das Bewegte zur Ruhe und das Ruhende zur Bewegung über.

PLATON

Du frage nicht – zu wissen wäre Frevel –, was mir, was dir
Als Ziel die Götter gesetzt, Leukonoe, auch nicht
babylonische Stern-
zeichen prüfe! Wieviel besser: Was auch geschieht, zu
tragen.
Ob viele Winter noch, ob gewährt hat Jupiter schon den
letzten,
der jetzt an widerstrebenden Klippen bricht das Meer
Tyrrhenias – weise sei, kläre den Wein, auf kurze Dauer
langwährende Hoffnung bemiß! Da wir noch sprechen,
ist schon entflohen die neidische
Zeit: greif diesen Tag, nimmer traue dem nächsten!

HORAZ

Bedenke, wie vielerlei in einem jeden unter uns in einem und demselben Augenblick zugleich vorgeht, sei's Leibliches, sei's Geistiges. So kannst du dich nicht wundern, wenn so viel Mehr, wenn alles, was geschieht, in dem Einen und Allen, das wir Welt nennen, zugleich vorhanden ist.

MARK AUREL

Besäße ein Mensch ein ganzes Königreich oder alles Gut der Erde und gäbe das lauterlich um Gottes willen hin und würde der ärmsten Menschen einer, der irgendwo auf Erden lebt, und gäbe ihm dann Gott so viel zu leiden, wie er je einem Menschen gab, und litte er alles dies bis an seinen Tod, und ließe ihn dann Gott *einmal* nur mit *einem* Blick schauen, wie er in dieser Kraft ist: – seine Freude würde so groß, daß es an allem diesem Leiden und an dieser Armut immer noch zu wenig gewesen wäre. Ja, selbst wenn Gott ihm nachher nimmermehr das Himmelreich gäbe, er hätte dennoch allzu großen Lohn empfangen für alles, was er je erlitt; denn Gott ist in dieser Kraft wie in dem ewigen Nun. Wäre der Geist allzeit mit Gott in dieser Kraft vereint, der Mensch könnte nicht altern; denn das Nun, darin Gott den ersten Menschen schuf, und das Nun, darin der letzte Mensch vergehen wird, und das Nun, darin ich spreche, die sind gleich in Gott und sind nichts als *ein* Nun. Nun seht, dieser Mensch wohnt in *einem* Lichte mit Gott; darum ist in ihm weder Leiden noch Zeitfolge, sondern eine gleichbleibende Ewigkeit. Diesem Menschen ist in Wahrheit alles Verwundern abgenommen, und alle Dinge stehen wesenhaft in ihm. Darum empfängt er nichts Neues von künftigen Dingen noch von irgendeinem »Zufall«, denn er wohnt in *einem* Nun, allzeit neu, ohne Unterlaß. Solche göttliche Hoheit ist in dieser Kraft.

MEISTER ECKHART

MEPHISTOPHELES *für sich.*
Ich bin des trocknen Tons nun satt,
Muß wieder recht den Teufel spielen.
Laut. Der Geist der Medizin ist leicht zu fassen.
Ihr durchstudiert die groß' und kleine Welt,
Um es am Ende gehn zu lassen,
Wie's Gott gefällt.
Vergebens, daß Ihr ringsum wissenschaftlich schweift,
Ein jeder lernt nur, was er lernen kann;
Doch der den Augenblick ergreift,
Das ist der rechte Mann.

JOHANN WOLFGANG GOETHE

Die Verse, die ich früher schrieb, sind Lüge;
selbst dies: ich könnte stärker dich nicht lieben.
Damals erkannt' ich nicht, wie höher fliege
dereinst die Glut, die schon so hoch getrieben.

Doch wenn ich seh vieltausendfach die Zeit
in Eide schleichen, Königsworte biegen,
die Schönheit bleichen, lähmen Männerstreit
und großen Geist dem kleinen Plane schmiegen:

durft' ich nicht, von Vergänglichkeit gebannt,
vollendet wähnen meiner Liebe Reifen
und im Bestande vor dem Unbestand
das Glück des Augenblickes mir ergreifen?

Ein Kind ist Liebe; darin irrt' ich bloß:
ich hielt für reif sie, und sie wird erst groß.

WILLIAM SHAKESPEARE

Der Arme und das Glück

Ein armer Mann, versehn zum Graben,
Wollt itzt ein besser Schicksal haben
Und rief das Glück um Beistand an.
Das Glück erhörte sein Verlangen.
Er fand, indem er grub, zwo starke goldne Stangen;
Allein der ungeschickte Mann
Sah sie für altes Messing an
Und gab für wenig Geld den Reichtum aus den Händen,
Fuhr fort und bat das Glück, doch mehr ihm zuzuwenden.

»O Tor!« rief ihm die Gottheit zu,
»Was quälst du mich, dich zu beglücken?
Wer wäre glücklicher als du,
Wenn du gewußt, dich in dein Glück zu schicken?«

Du wünschest dir mit Angst ein Glück
Und klagst, daß dir noch keins erschienen.
Klag' nicht, es kommt gewiß ein günst'ger Augenblick:
Allein bitt' um Verstand, dich seiner zu bedienen;
Denn dieses ist das größte Glück.

CHRISTIAN FÜRCHTEGOTT GELLERT

Hüte dich also, deinen treuesten Freund, dich selber, so zu vernachlässigen, daß dieser treue Freund dir den Rücken kehre, wenn du seiner am nötigsten bedarfst. Ach, es kommen Augenblicke, in denen du dich selbst nicht verlassen darfst, wenn dich auch jedermann verläßt; Augenblicke, in welchen der Umgang mit deinem Ich der einzige tröstliche ist – was wird aber in solchen Augenblicken aus dir werden, wenn du mit deinem eignen Herzen nicht in Frieden lebst, und auch von dieser Seite aller Trost, alle Hilfe dir versagt wird?

ADOLPH VON KNIGGE

Catharina Elisabeth Goethe an Christiane Vulpius

den 20ten Juni 1793

Daß ihnen die überschickten Sachen Freude gemacht haben, war mir sehr angenehm – tragen Sie dieselben als ein kleines Andencken von der Mutter deßjenigen den Sie Lieben und hochachten und der wircklich auch Liebe und hochachtung verdient. Zehn kurtze Tage war Er nur bey mir und seinen Freunden – wir lebten herrlich und vergnügt – und trösten uns auf seine Wiederkunft – und hoffen Ihn alsdann etwas länger zu genießen. Sie können nicht glauben wie lange uns die Zeit wird, biß Maintz wieder in deutschen Händen ist – denn so lange die Freiheits Männer es im Besitz haben, dürfen wir noch nicht Jubiliren – Doch Gott Lebt noch! und es kan alles beßer gehen als viele jetzt glauben –: Ein einziger Augenblick kan alles umgestalten: sagt Gevatter Wieland – und Gevatter Wieland hat recht. Verzeihen Sie daß ihnen von Kriegs und Kriegsgeschrey so was vor tragire – wir sehen und hören aber Tag-täglich nichts als Bomppen – Kuglen – Pulver Wägen – Blesirte – Krancke – Gefangne u. d. g. Tag und besonders Nachts gehts Canoniren beynahe an einem fort – da ists nun freylich kein Wunder, daß im Reden und Schreiben imer von der Sache was heraus kommt – da mann freylich etwas beßeres und Intereßanterer reden und Schreiben könte und solte. Das soll auch jetzt sogleich geschehen – indem ich mich nach dem befinden des kleinen lieben Augst erkundigen will – ich hoffe er ist Gesund und munter? ... Nun Leben Sie wohl und vergnügt! Dieses wünscht von gantzem Hertzen Ihre Freundin Goethe.

FAUST. Und Schlag auf Schlag!
Werd' ich zum Augenblicke sagen:
Verweile doch! du bist so schön!
Dann magst du mich in Fesseln schlagen,
Dann will ich gern zu Grunde gehn!
Dann mag die Totenglocke schallen,
Dann bist du deines Dienstes frei,
Die Uhr mag stehn, der Zeiger fallen,
Es sei die Zeit für mich vorbei!

JOHANN WOLFGANG GOETHE

FAUST. Das ist der Weisheit letzter Schluß:
Nur der verdient sich Freiheit wie das Leben,
Der täglich sie erobern muß.
Und so verbringt, umrungen von Gefahr,
Hier Kindheit, Mann und Greis sein tüchtig Jahr.
Solch ein Gewimmel möcht ich sehn,
Auf freiem Grund mit freiem Volke stehn.
Zum Augenblicke dürft' ich sagen:
Verweile doch, du bist so schön!
Es kann die Spur von meinen Erdetagen
Nicht in Äonen untergehn. –
Im Vorgefühl von solchem hohen Glück
Genieß ich jetzt den höchsten Augenblick.
Faust sinkt zurück, die Lemuren fassen ihn auf und legen ihn auf den Boden.
MEPHISTOPHELES. Ihn sättigt keine Lust, ihm gnügt kein Glück,

So buhlt er fort nach wechselnden Gestalten;
Den letzten, schlechten, leeren Augenblick,
Der Arme wünscht ihn fest zu halten.
Der mir so kräftig widerstand,
Die Zeit wird Herr, der Greis hier liegt im Sand.
Die Uhr steht still –
CHOR. Steht still! Sie schweigt wie Mitternacht.
Der Zeiger fällt.
MEPHISTOPHELES. Er fällt, es ist vollbracht.

JOHANN WOLFGANG GOETHE

Wovon unsere Seele sich nährt, das ist das Gedicht, in welchem, wie im Sommerabendwind, der über die frischgemähten Wiesen streicht, zugleich ein Hauch von Tod und Leben zu uns herschwebt, eine Ahnung des Blühens, ein Schauder des Verwesens, ein Jetzt, ein Hier und zugleich ein Jenseits, ein ungeheueres Jenseits. Jedes vollkommene Gedicht ist Ahnung und Gegenwart, Sehnsucht und Erfüllung zugleich. Ein Elfenleib ist es, durchsichtig wie die Luft, ein schlafloser Bote, den ein Zauberwort ganz erfüllt; den ein geheimnisvoller Auftrag durch die Luft treibt: und im Schweben entsaugt er den Wolken, den Sternen, den Wipfeln, den Lüften den tiefsten Hauch ihres Wesens, und der Zauberspruch aus seinem Munde tönt getreu und doch wirr, durchflochten mit den Geheimnissen der Wolken, der Sterne, der Wipfel, der Lüfte. Und Goethe? Seine Taten sind vielfältig wie die Taten eines wandernden Gottes. Er gleicht dem Herakles, dessen Abenteuer, jedes eingehüllt in eine Glorie, jedes wohnend in einer anderen Landschaft, nichts voneinander wissen. Die Lieder seiner Jugend sind nichts als ein Hauch. Jedes ist der entbundene Geist eines Augenblikkes, der sich aufgeschwungen hat in den Zenith und dort strahlend hängt und alle Seligkeit des Augenblickes rein in sich saugt und verhauchend sich löst in den klaren Äther. Und die Gedichte seines Alters sind zuweilen wie die dunklen tiefen Brunnen, über deren Spiegel Gesichte hingleiten, die das aufwärts starrende Auge nie wahrnimmt, die für keinen auf der Welt sichtbar werden als für den, der sich hinabbeugt auf das tiefe dunkle Wasser eines langen Lebens. Meinst du wirklich, er habe immer und immer den geformten Gedanken ans Licht der Sonne gehoben wie eine gestielte Schale aus Sardonyx und Chrysopras? Hör zu:

Sagt es niemand, nur den Weisen,
Weil die Menge gleich verhöhnet,
Das Lebendge will ich preisen,
Das nach Flammentod sich sehnet.

In der Liebesnächte Kühlung,
Die dich zeugte, wo du zeugtest,
Überfällt dich fremde Fühlung,
Wenn die stille Kerze leuchtet.

Nicht mehr bleibest du umfangen
In der Finsternis Beschattung
Und dich reißet neu Verlangen
Auf zu höherer Begattung.

Keine Ferne macht dich schwierig,
Kommst geflogen und gebannt
Und zuletzt, des Lichts begierig,
Bist du, Schmetterling, verbrannt.

Und so lang du das nicht hast
Dieses: Stirb und werde!
Bist du nur ein trüber Gast
Auf der dunklen Erde.

Hörst du diesen Laut, wie von einem verzauberten Nachtvogel hineingesungen in das Zimmer, wo einer stirbt? Man sagt, er habe es in der Nacht gemacht, in welcher Christiane Vulpius gestorben war. Das wirkliche Erlebnis der Seele, welche Worte möchten es ausdrücken, wenn nicht bezauberte! Ein Augenblick kommt und drückt aus tausenden und tausenden seinesgleichen den Saft heraus, in die Höhle der Vergangenheit dringt er ein und den tausenden von dunklen erstarrten Augenblicken, aus denen sie aufgebaut ist, entquillt ihr ganzes Licht: was niemals da war, nie sich gab, jetzt ist es da, jetzt gibt es sich, ist Gegenwart, mehr als Gegenwart; was niemals zusammen war, jetzt ist es zugleich, ist es beisammen, schmilzt ineinander die Glut, den Glanz und das Leben. Die Landschaften der Seele sind wunderbarer als die Landschaften des gestirnten Himmels: nicht nur ihre Milchstraßen sind Tausende von Sternen, sondern ihre Schattenklüfte, ihre Dunkelheiten sind tausendfaches Leben, Leben, das lichtlos geworden ist durch sein Gedränge, erstickt durch seine Fülle. Und diese Abgründe, in denen das Leben sich selber verschlingt, kann ein Augenblick durchleuchten, entbinden, Milchstraßen aus ihnen machen. Und diese Augenblicke sind die Geburten der vollkommenen Gedichte, und die Möglichkeit vollkommener Gedichte ist ohne Grenzen wie die Möglichkeit solcher Augenblicke. Wie wenige gibt es dennoch, Clemens, wie sehr wenige. Aber daß ihrer überhaupt welche entstehen, ist es nicht wie ein Wunder? Daß es Zusammenstellungen von Worten gibt, aus welchen, wie der Funke aus dem geschlagenen dunklen Stein, die Landschaften der Seele hervorbrechen, die unermeßlich sind wie der gestirnte Himmel, Landschaften, die sich ausdehnen im Raum und in der Zeit, und deren Anblick abzuweiden in uns ein Sinn lebendig wird, der über alle Sinne ist.

HUGO VON HOFMANNSTHAL

Die Gunst des Augenblicks

Und so finden wir uns wieder
In dem heitern bunten Reihn,
Und es soll der Kranz der Lieder
Frisch und grün geflochten sein.

Aber, wem der Götter bringen
Wir des Liedes ersten Zoll?
Ihn vor allen laßt uns singen,
Der die Freude schaffen soll.

Denn was frommt es, daß mit Leben
Ceres den Altar geschmückt,
Daß den Purpursaft der Reben
Bacchus in die Schale drückt.

Zückt vom Himmel nicht der Funken,
Der den Herd in Flammen setzt,
Ist der Geist nicht feuertrunken,
Und das Herz bleibt unergetzt.

Aus den Wolken muß es fallen,
Aus der Götter Hand, das Glück,
Und der mächtigste von allen
Herrschern ist der Augenblick.

Von dem allerersten Werden
  Der unendlichen Natur
Alles Göttliche auf Erden
  Ist ein Lichtgedanke nur.

Langsam in dem Lauf der Horen
  Fügt der Stein zum Steine sich,
Schnell, wie es der Geist geboren,
  Rührt des Werkes Seele dich.

Wie im hellen Sonnenblicke
  Sich ein Farbenteppich webt,
Wie auf ihrer bunten Brücke
  Iris durch den Himmel schwebt,

So ist jede schöne Gabe
  Flüchtig, wie des Blitzes Schein,
Schnell in ihrem düstern Grabe
  Schließt die Nacht sie wieder ein.

FRIEDRICH SCHILLER

Anekdote aus dem letzten preußischen Kriege

In einem bei Jena liegenden Dorf, erzählte mir, auf einer Reise nach Frankfurt, der Gastwirt, daß sich mehrere Stunden nach der Schlacht, um die Zeit, da das Dorf schon ganz von der Armee des Prinzen von Hohenlohe verlassen und von Franzosen, die es für besetzt gehalten, umringt gewesen wäre, ein einzelner preußischer Reiter darin gezeigt hätte; und versicherte mir, daß wenn alle Soldaten, die an diesem Tage mitgefochten, so tapfer gewesen wären, wie dieser, die Franzosen hätten geschlagen werden müssen, wären sie auch noch dreimal stärker gewesen, als sie in der Tat waren. Dieser Kerl, sprach der Wirt, sprengte, ganz von Staub bedeckt, vor meinen Gasthof, und rief: »Herr Wirt!« und da ich frage: was gibt's? »ein Glas Branntewein!« antwortet er, indem er sein Schwert in die Scheide wirft: »mich dürstet!« Gott im Himmel! sag' ich: will er machen, Freund, daß er wegkömmt? Die Franzosen sind ja dicht vor dem Dorf! »Ei, was!« spricht er, indem er dem Pferde den Zügel über den Hals legt. »Ich habe den ganzen Tag nichts genossen!« Nun er ist, glaub' ich, vom Satan besessen –! He! Liese! rief ich, und schaff' ihm eine Flasche Danziger herbei, und sage: da! und will ihm die ganze Flasche in die Hand drücken, damit er nur reite. »Ach, was!« spricht er, indem er die Flasche wegstößt, und sich den Hut abnimmt: »wo soll ich mit dem Quark hin?« Und: »schenk' er ein!« spricht er, indem er sich den Schweiß von der Stirn abtrocknet: »denn ich habe keine Zeit!« Nun er ist ein Kind des Todes, sag ich. Da! sag ich, und schenk' ihm ein; da! Trink' er und reit' er! Wohl mag's ihm bekommen: »Noch Eins!« spricht der Kerl; während die Schüsse schon von allen Seiten ins Dorf prasseln. Ich sage: noch Eins? Plagt ihn –! »Noch Eins!« spricht er, und streckt mir das Glas hin – »Und gut gemessen«, spricht er, indem er sich den Bart wischt, und sich vom Pferde herab schneuzt: »denn es wird bar bezahlt!« Ei, mein Seel, so wollt ich doch, daß ihn –! Da! sag' ich, und schenk' ihm noch, wie er verlangt, ein Zweites, und schenk' ihm, da er getrunken, noch ein Drittes ein, und frage: ist er nun zufrieden? »Ach!« – schüttelt sich der Kerl. »Der Schnaps ist gut! – Na!« spricht er, und setzt sich den Hut auf: »was bin ich schuldig?« Nichts! nichts! versetz' ich. Pack' er sich, ins Teufelsnamen; die Franzosen ziehen augenblicklich ins Dorf! »Na!« sagt er, indem er in seinen Stiefel greift: »so solls ihm Gott lohnen«, und holt, aus dem Stiefel, einen Pfeifenstummel hervor, und spricht, nachdem er den Kopf ausgeblasen: »schaff' er mir Feuer!« Feuer? sag ich: plagt ihn –? »Feuer, ja!« spricht er: »denn ich will mir eine Pfeife Tabak anmachen.« Ei, den Kerl reiten Legionen –! He, Liese, ruf ich das Mädchen! und während der Kerl sich die Pfeife stopft, schafft das Mensch ihm Feuer. »Na!« sagt der Kerl, die Pfeife, die er sich angeschmaucht, im Maul: »nun sollen doch die Franzosen die Schwerenot kriegen!« Und damit, indem er sich den Hut in die Augen drückt, und zum Zügel greift, wendet er das Pferd und zieht von Leder. Ein Mordkerl! sag' ich; ein verfluchter, verwetterter Galgenstrick! Will er sich ins Henkers Namen scheren, wo er hingehört? Drei Chasseurs – sieht er nicht? halten ja schon vor dem Tor?

»Ei was!« spricht er, indem er ausspuckt; und faßt die drei Kerls blitzend ins Auge. »Wenn ihrer zehen wären, ich fürcht mich nicht.« Und in dem Augenblick reiten auch die drei Franzosen schon ins Dorf. »Bassa Manelka!« ruft der Kerl, und gibt seinem Pferde die Sporen und sprengt auf sie ein; sprengt, so wahr Gott lebt, auf sie ein, und greift sie, als ob er das ganze Hohenlohische Korps hinter sich hätte, an; dergestalt, daß, da die Chasseurs, ungewiß, ob nicht noch mehr Deutsche im Dorf sein mögen, einen Augenblick, wider ihre Gewohnheit, stutzen, er, mein Seel', ehe man noch eine Hand umkehrt, alle drei vom Sattel haut, die Pferde, die auf dem Platz herumlaufen, aufgreift, damit bei mir vorbeisprengt, und: »Bassa Teremtetem!« ruft, und: »Sieht er wohl, Herr Wirt?« und »Adies!« und »auf Wiedersehn!« und: »hoho! hoho! hoho!« – – So einen Kerl, sprach der Wirt, habe ich Zeit meines Lebens nicht gesehen.

HEINRICH VON KLEIST

Sonett

Mein Genius, du hast mir viel verliehen,
Du kannst, was nie geahndet, mir erschließen,
Wenn deine Blicke flüchtig mich begrüßen,
Durch dich gedeiht mir jegliches Bemühen.
O könnt ich dich mit meinem Arm umschließen,
Daß du dich nimmer könntest mir entziehen,
Daß meine Wangen nie von Scham erglühen,
Verläßt mich Witz, wo Andrer Witze fließen.
Schaff mich gewiß und fest in allen meinen Kräften,
Daß sie dem Augenblicke willig dienen
So bin ich tüchtig jeglichen Geschäften.
Gleich fern von Furcht und Frechheit in den Mienen,
Laß mich die Blicke frei auf andre heften,
Und aller Neid soll schwinden im Erkühnen.

ACHIM VON ARNIM

Man sollte beständig die Wirkung der Zeit und die Wandelbarkeit der Dinge vor Augen haben und daher bei allem, was jetzt stattfindet, sofort das Gegenteil davon imaginieren; also im Glücke das Unglück, in der Freundschaft die Feindschaft, im schönen Wetter das schlechte, in der Liebe den Haß, im Zutrauen und Eröffnen den Verrat und die Reue, und so auch umgekehrt, sich lebhaft vergegenwärtigen. Dies würde eine bleibende Quelle wahrer Weltklugheit abgeben, indem wir stets besonnen bleiben und nicht so leicht getäuscht werden würden.

ARTHUR SCHOPENHAUER

Du denkst, die Freude festzuhalten.
Du bist nur um so mehr geplagt:
O laß die Tage mit dir schalten.
Und tun, was ihnen wohlbehagt!
Soll dir das Leben stets gefallen,
Das nie auf Dauer sich verstand,
So laß das Schönste wieder fallen,
Und schließe nicht zuerst die Hand!

Vermöcht ich doch gelind zu träufen
In deine Brust, wenn Schmerz und Wut
Sie oft vergeblich überhäufen,
Nur wen'ge Tropfen leichtes Blut!
O suche ruhig zu verschlafen
In jeder Nacht des Tages Pein;
Denn wer vermöchte Gott zu strafen,
Der uns verdammte, Mensch zu sein!

AUGUST VON PLATEN

Die rechte Stunde

Im heitren Saal beim Kerzenlicht,
Wenn alle Lippen sprühen Funken,
Und gar vom Sonnenscheine trunken,
Wenn jeder Finger Blumen bricht,
Und vollends an geliebtem Munde,
Wenn die Natur in Flammen schwimmt, –
Das ist sie nicht die rechte Stunde,
Die dir der Genius bestimmt.

Doch wenn so Tag als Lust versank,
Dann wirst du schon ein Plätzchen wissen,
Vielleicht in deines Sofa's Kissen,
Vielleicht auf einer Gartenbank:
Dann klingt's wie halb verstandne Weise,
Wie halb verwischter Farben Guß
Verrinnt's um dich, und leise, leise
Berührt dich dann dein Genius.

ANNETTE VON DROSTE-HÜLSHOFF

Auf einer Wanderung

In ein freundliches Städtchen tret ich ein,
In den Straßen liegt roter Abendschein.
Aus einem offnen Fenster eben,
Über den reichsten Blumenflor
Hinweg, hört man Goldglockentöne schweben,
Und eine Stimme scheint ein Nachtigallenchor,
Daß die Blüten beben,
Daß die Lüfte leben,
Daß in höherem Rot die Rosen leuchten vor.
Lang hielt ich staunend, lustbeklommen.
Wie ich hinaus vors Tor gekommen,
Ich weiß es wahrlich selber nicht.
Ach hier, wie liegt die Welt so licht!
Der Himmel wogt in purpurnem Gewühle,
Rückwärts die Stadt in goldnem Rauch;
Wie rauscht der Erlenbach, wie rauscht im Grund
die Mühle!
Ich bin wie trunken, irrgeführt –
O Muse, du hast mein Herz berührt
Mit einem Liebeshauch!

EDUARD MÖRIKE

Vorahnung

Wieder haben Wolkenmassen
Still sich über mir geballt;
Meines Schicksals Neid und Hassen
Droht mir wieder mit Gewalt ...
Trotz ich wieder dem Verhängnis?
Bin ich immer noch gefeit
Gegen Unglück und Bedrängnis
Wie in stolzer Jugendzeit?

Müd der Stürme, die mich trafen,
Harr des Sturms ich unbewegt:
Ob noch einmal mich zum Hafen
Eine gütige Welle trägt ...
Doch ich spüre schon das Ende
Unseres Glücks, des Abschieds Qual,
Und, mein Engel, deine Hände
Drück ich nun zum letzten Mal.

Nie seh ich dich, Engel, wieder,
Sag mir leis: *Leb wohl, ade,*
Traure: schlag die Augen nieder,
Schau noch einmal, wenn ich geh;
Und dein holdes Angedenken
Wird der Seele auch im Leid
Kraft und Stolz und Hoffnung schenken,
Und den Mut der Jugendzeit.

ALEXANDER PUSCHKIN

Der Hauptmann. Woyzeck.
Hauptmann auf einem Stuhl, Woyzeck rasiert ihn.

HAUPTMANN. Langsam, Woyzeck, langsam; ein's nach dem andern; er macht mir ganz schwindlich. Was soll ich dann mit den zehn Minuten anfangen, die er heut zu früh fertig wird? Woyzeck, bedenk' er, er hat noch seine schöne dreißig Jahr zu leben, dreißig Jahr! macht 360 Monate, und Tage, Stunden, Minuten! Was will er denn mit der ungeheuren Zeit all anfangen? Teil er sich ein, Woyzeck.

WOYZECK. Ja wohl, Herr Hauptmann.

HAUPTMANN. Es wird mir ganz angst um die Welt, wenn ich an die Ewigkeit denke. Beschäftigung, Woyzeck, Beschäftigung! ewig das ist ewig, das ist ewig, das siehst du ein; nun ist es aber wieder nicht ewig und das ist ein Augenblick, ja, ein Augenblick. – Woyzeck, es schaudert mich, wenn ich denk, daß sich die Welt in einem Tag herumdreht, was'n Zeitverschwendung, wo soll das hinaus? Woyzeck, ich kann kein Mühlrad mehr sehn, oder ich werd' melancholisch.

WOYZECK. Ja wohl, Herr Hauptmann.

GEORG BÜCHNER

Glückszuwachs

Mußt dich nur vom Neide reinigen,
Dann verzehnfachst du dein Glück,
Machst in jedem Augenblick
Fremde Freuden zu den deinigen.

PAUL HEYSE

Lied des Harfenmädchens

Heute, nur heute
Bin ich so schön;
Morgen, ach morgen
Muß Alles vergehn!
Nur diese Stunde
Bist du noch mein;
Sterben, ach sterben
Soll ich allein.

THEODOR STORM

Memento

Geliebte, willst du doppelt leben,
So sei des Todes gern gedenk
Und nimm, was dir die Götter geben,
Tagtäglich hin wie ein Geschenk.

Mach dich vertraut mit dem Gedanken,
Daß doch das Letzte kommen muß,
Und statt in Trübsinn hin zu kranken,
Wird dir das Dasein zum Genuß.

Du magst nicht länger mehr vergeuden
Die Spanne Zeit in eitlem Haß,
Du freust dich reiner deiner Freuden
Und sorgst nicht mehr um dies und das.

Du setzest an die rechte Stelle
Das Hohe, Göttliche der Zeit,
Und jede Stunde wird dir Quelle
Gesteigert neuer Dankbarkeit.

THEODOR FONTANE

Ohne Datum

(An meine Schwester)

Du scherzest, daß ein Datum ich vergaß,
Und meinst, ich dürfte bei dem Stundenmaß
Mit einem Federstriche mich verweilen.
Du schreibst: »Datiere künftig deine Zeilen!«
Doch war das Zählen meine Sache nie,
Nach dem Wievielten such ich stets vergebens,
Auch diese Zeilen, wie datier ich sie?
»Aus allen Augenblicken meines Lebens!«

Kurz ist und eilig eines Menschen Tag,
Er drängt, er pulst, er flutet, Schlag um Schlag,
Wie eines Herzens ungestümes Klopfen...
Wer teilt die Jagd des Bluts und seiner Tropfen?
Es ist der Sturm, der nie zur Rüste geht,
Die Wechselglut des Nehmens und des Gebens,
Und meine Haare flattern windverweht
In allen Augenblicken meines Lebens.

Zu ruhn ist mir versagt, es treibt mich fort,
Die Stunde rennt – doch hab ich einen Hort,
Den keine mir entführt, in deiner Treue!
Sie ist die alte wie die ewig neue,
Sie ist die Rast in dieser Flucht und Flut,
Ein fromm Geleite leisen Flügelschwebens,
Sie ist der Segen, der beständig ruht
Auf allen Augenblicken meines Lebens.

Ich hemme die beschwingten Rosse nicht,
Ich freue mich, mit jedem neuen Licht,
Das Feld gestreckten Laufes zu durchmessen,
Ein fernes, dunkles Gestern zu vergessen,
Ich fliege – hinter mir versinkt die Zeit –
Im Morgensonnenstrahl verjüngten Strebens!...
Vorbei!... Nur du allein weißt noch Bescheid
Von allen Augenblicken meines Lebens.

CONRAD FERDINAND MEYER

Ihr höheren Menschen, was dünket euch? Bin ich ein Wahrsager? Ein Träumender? Trunkener? Ein Traumdeuter? Eine Mitternachts-Glocke?

Ein Tropfen Tau's? Ein Dunst und Duft der Ewigkeit? Hört ihr's nicht? Riecht ihr's nicht? Eben ward meine Welt vollkommen, Mitternacht ist auch Mittag, –

Schmerz ist auch eine Lust, Fluch ist auch ein Segen, Nacht ist auch eine Sonne, – geht davon oder ihr lernt: ein Weiser ist auch ein Narr.

Sagtet ihr jemals Ja zu *einer* Lust? Oh, meine Freunde, so, sagtet ihr Ja auch zu *allem* Wehe. Alle Dinge sind verkettet, verfädelt, verliebt, –

– wolltet ihr jemals ein Mal zwei Mal, spracht ihr jemals »du gefällst mir, Glück! Husch! Augenblick!« so wolltet ihr *alles* zurück!

– alles von neuem, alles ewig, alles verkettet, verfädelt, verliebt, oh so *liebtet* ihr die Welt, –

– ihr Ewigen, liebt sie ewig und allezeit – und auch zum Weh sprecht ihr: vergeh, aber komm zurück! *Denn alle Lust will – Ewigkeit!*

FRIEDRICH NIETZSCHE

Es war ein Frühlingsmorgen im Volksgarten. Eine reinere Luft als in den Straßen; überall Kinder mit ihren Bonnen. Sie spielten einzeln oder in Gruppen, saßen ermüdet oder gingen artig Hand in Hand. Es waren häßliche und schöne, bleiche und rosige, anmutige und plumpe. Aber alle, alle, alle waren so mitten drin in ihrem eigenen Kinderleben eingekapselt, und der Garten war für sie nur eine luftigere weitere Kinderstube!

Eine aber, mit dicken braunen Locken, in einem braunen Velvetjäckchen mit grauen großen Perlmutterknöpfen stand vor dem großen Tulpenbeete. Ganz still stand sie, starrte die wunderbaren Blumen an, schneeweiße und lila Tulpen! Sie stand bewegungslos.

Wie hinweggetragen war das kleine Mädchen aus ihren eigenen Kindlichkeiten, ernst geworden vor der Zeit, erlöst vom Stunden-, vom Minutenwunsche, nicht mehr wissend, daß es Puppen gebe und Springschnur und Ballon, und »Vater, leih' mir die Scher'« von Baum zu Baum!

In diesem Augenblicke war sie eine Dichterin, den besten gleich, den tiefsten, in diesem Augenblicke der Selbstvergessenheit und Schönheitstrunkenheit!

Eine Gouvernante sagte: »Weshalb steht Ihre Kleine abseits, bei diesem faden Blumenbeete?!? Hält sie sich für etwas Besseres?!?«

Da sagte die Gouvernante des edlen Kindes: »Rosamunde, gehen Sie doch spielen mit die andere Kinder, oh, was stehen Sie da so abseits?!?«

Da ging das edle Kind spielen »mit die andere Kinder«.

PETER ALTENBERG

Anfang und Ausgang

Ich tat den Weg um die Erde wagen,
Ging Tagen entgegen, die mich weit von der Geliebten getragen,
Wanderte einsam in der Sehnsucht Gehegen,
Auf Wegen, die über Meere kamen. Sieben Meere nahmen mich mit.
Und Schritt um Schritt, auf jeder Welle, in jedem Meer,
Die helle Sehnsucht mir die Brust zerschnitt.
Ich sah des Orients kindliche Pracht und Behagen,
Des Okzidents strebendes Wagen und Allmacht.
Ich ging den reich lebenden Weg, wie über einen bebenden Steg,
Wie durch einen bunten Schacht,
Als sei ich drunten unter der Erde,
Wo sich Nacht reiht an Nacht
Mit der Verlassenheit tödlicher Gebärde.

So wie ein Herz geht und eilt
Und doch weilt und immer auf einer Stelle steht,
So wanderte ich wohl früh und spät;
Und als einzige Helle, die in die Herzzelle fällt,
Sah ich im dunkeln Getriebe,
Als Anfang und Ausgang in dieser Welt,
Der Geliebten Liebe.

MAX DAUTHENDEY

Auf der Welt lebt man, um in jeder Minute seine Herkunft vom Geist in Taten darzustellen; und das Material der Welt ist dazu da, um unsern Willen zu zwingen, im Durchbrechen des Raumwiderstandes, unter Flammenkatastrophen, jeden Augenblick des Lebens immer wieder von neuem als den ersten Tag unserer Geburt vom Geist aufscheinen zu lassen.

LUDWIG RUBINER

In jenen Augenblicken tiefer Erleuchtung nämlich, wo der Geist bis zum Grund aller Dinge dringt und sie erhellt, so wie sich die Sonne ins Meer senkt, wo die Bewegung des kleinen Mädchens das, bis sein Partner bereit ist, das Racket lässig an seinem bloßen Arm pendeln läßt, wo das Jammern der unzähligen, klagenden Fliederblätter, mühselig getragen von einem kraftlosen Stamm, wo das leichte Brauenheben des Mannes, der im Café auf seinen Schnaps wartet, der seine Geringschätzung der Gesellschaft bekunden möchte, aber die Sorge um seine eigene Hochschätzung bekundet, gleich jenen Mittlerrollen im Lustspiel, denen man die schmeichelhaftesten Worte anvertraut und die lächerliche Verdrehungen weitergeben, mit dem gleichen Entzücken vom Blick verfolgt werden, für den dann ein etwas aufgelichteter Schatten, eine etwas stärker betonte Biegung nicht einfach weitere Hieroglyphen sind, sondern sprechende Buchstaben, die die anmutigste Wahrheit ausdrücken, wo es genügt, vom Himmel einen Sonnenstrahl fallen zu sehen, in den die Weinrebe ihre Traube eintaucht, eben noch von kaltem Grün, jetzt belebt, erleuchtet bis auf den Grund wie ein Smaragd, um ihm ohne Anstrengung jenen Rausch zu spenden, den die anderen Menschen in den Giften nur suchen, um ihn im Leiden zu büßen, nicht mehr jenen Rausch, der nur dazu dient, eine Stunde lang die gleichen Dinge in angenehmer Weise zu sehen, sondern der etwas anderes erscheinen läßt, das bestehen bleibt, auch wenn das Bild sich verflüchtigt hat, wahrhaftig, da ist der Dichter allen Dingen dankbar, die ihm dann ihre Hilfe und ihren Zauber geliehen haben, wie die arme Wöchnerin dem Arzt dankbar ist, der ihr so hilfreich war, die dem Pfirsich, dessen Frische ihrer dürstenden Kehle so wohlgetan hat, und den Schwalben, die sie gern vor ihrem Fenster kreisen sah, während sich in ihrem Schoß ein geheimnisvolles Wirken vollzog, ein gutes Andenken bewahrt: sie wird jenem Arzt, der ihr Kind als erster umsorgt hat, eine Photographie von ihm schicken, wie B. dem Wirt ein Exemplar des Romans übersandte, den er in C*** geschrieben hatte, und eigenhändig für die Prinzessin T. Verse kopierte, die er verfaßt hatte, als er eines Tages allein in ihrem Park spazierenging.

MARCEL PROUST

Wenn ich mich gleich bewahre,
zerrinn ich doch im Nu,
sammelt mich nicht das klare
und schöpferische Du.

Du kannst mich ganz zerlegen
in Regenbogenlicht
zu Deinem Preis.

Doch gibst Du tiefern Segen
und Du zerstreust mich nicht,
mich einzig Weiß.

RAINER MARIA RILKE

Gute Stunde

Hier lieg ich, mich dünkt es der Gipfel der Welt,
Hier hab ich kein Haus, und hier hab ich kein Zelt!

Die Wege der Menschen sind um mich her,
Hinauf zu den Bergen und nieder zum Meer:

Sie tragen die Ware, die ihnen gefällt,
Unwissend, daß jede mein Leben enthält.

Sie bringen in Schwingen aus Binsen und Gras
Die Früchte, von denen ich lange nicht aß:

Die Feige erkenn ich, nun spür ich den Ort,
Doch lebte der lange vergessene fort!

Und war mir das Leben, das schöne, entwandt,
Es hielt sich im Meer, und es hielt sich im Land!

HUGO VON HOFMANNSTHAL

Die Weltminute von Waterloo

(Napoleon und Grouchy, 18. Juni 1815)

Das Schicksal drängt zu den Gewaltigen und Gewalttätigen. Jahrelang macht es sich knechtisch gehorsam einem Einzelnen hörig: Cäsar, Alexander, Napoleon; denn es liebt den elementaren Menschen, der ihm selber ähnlich wird, dem unfaßbaren Element.

Manchmal aber, ganz selten in allen Zeiten, wirft es in sonderbarer Laune irgendeinem Gleichgültigen sich hin. Manchmal – und dies sind die erstaunlichsten Augenblicke der Weltgeschichte – fällt der Faden des Fatums für eine zuckende Minute in eines ganz Nichtigen Hand. Immer sind solche Menschen mehr erschreckt als beglückt dann von dem Sturm der Verantwortung, der sie in heroisches Weltspiel mengt, und fast immer lassen sie das zugeworfene Schicksal zitternd aus den Händen. Selten nur reißt einer die Gelegenheit mächtig empor und sich selber mit ihr. Denn bloß eine Sekunde lang gibt sich das Große hin an den Geringen; wer sie versäumt, den begnadet sie nie mehr ein zweites Mal.

STEFAN ZWEIG

Dornröschen

Schon zur Jugendzeit beschäftigte mich das Dornröschen. Wenn ich aufmerksam zurückdenke und mir frühe Bemühungen, Versuche wieder frisch vorstelle, so fällt mir ein, daß ich oftmals redlich bemüht war, dem holden, entzückenden Märchenkinde mit weichen oder groben, feuchten oder trockenen, üppigen oder mageren, feinen oder harten Versen einigermaßen nahezukommen. Sein wundervoller hundertjähriger Schlaf wollte mir nie aus dem Kopf gehen. Hundertjähriger tiefer Schlummer ist gewiß keine Kleinigkeit. Laß doch einmal sehen!

Mancher kühne, beherzte, verliebte Abenteurer und Ritter mußte während dieser Zeit seine Kühnheit, Waghalsigkeit, Tapferkeit und Verliebtheit mit dem Leben bezahlen. In den Dornen kamen sie um, die Herren Glücksritter, Barone, Freiherren und Grafen, edlen Jünglinge, adeligen Abkömmlinge, die mit jugendroten und frischen Wangen, mit blühenden Lippen und blonden Locken, mit heißen, blauen Augen, feuriger Einbildungskraft, heiterer, mutiger und schöner Stirne, behenden, geschmeidigen Gliedern, Schwert in der Hand, ritterlicher Feder auf dem Hut, zu Fuß oder zu Pferd, das Jünglingsherz voll Jünglingsphantasien, durch die hellen und dunkeln Länder zogen, um ihre unbändige, stürmische Sehnsucht zu befriedigen, dem Dasein seinen Reiz, dem Leben sein Glück von der geheimnisvollen Brust wegzureißen. Mancher Liebenswürdige und Schöne, mancher Gute, Mutige und Brave mußte in der mitleidlosen Umklammerung unbarmherzigen Gestrüppes, wegen des süßen schlummernden Mädchens, von dessen Schönheit die Gegenden redeten, ersticken und frühen Tod sterben.

Einmal und so kam, heißt es in der holden, anmutigen Geschichte, aus weiter Ferne ein Königssohn daher, dem es beschieden war, hindurchzudringen. Mit verwegenem Ungestüm, wilder, unbändiger, löwengleicher Kraft, alle Gefahren als Vergnügen, Abwechslung und Kinderspiel betrachtend, mit dem Anblick des drohenden Todes, Unterganges, Verderbens tändelnd und scherzend, als handle es sich für ihn nur um eine Kahnfahrt auf heiterem See oder um ein lächelndes Ballspiel auf grüner, lieblicher Wiese, brach er sich durch die wirre Wildnis der Dornen, die neben seinem königlichen Willen, durchzubrechen, leicht zusammensanken, freie Bahn und drang in unwiderstehlicher Sturmeslust, alle Hemmnisse, Hindernisse besiegend, in den Zauberpalast, in den Dornröschenpalast hinein, stieg die Treppe empor, die in den bekannten Turm hinaufführte, wo die rätselhafte Holde schlummerte, und küßte sie, als er sie sah, und vom Kuß erwachte Dornröschen, und von da an gehörte sie ihm als Braut und Frau an und war sein; denn das Märchen zaudert und fackelt da nicht lang, und es hat auch recht, daß es nicht lange und breite Umstände macht.

Das ganze altersgraue Königsschloß erwachte, König und Königin, das Gefolge und die königliche Regierung, die Minister und geheimen Räte, die Kammerherren und Kammerdiener, die Edelleute und Hofdamen, die Pagen, Kammerzofen, Jäger, Läufer und Heiducken, der Koch und der Küchenjunge, Bediente und Mägde und die Kutscher in den herrlichen Livreen.

Ein alter, hingesunkener Traum wurde wieder lebendig, eine düstere, verdrießliche, müde Schauermär verwandelte sich in freundliches, entzückendes, lebendiges Leben. Bildung und Wissenschaft, Geselligkeit, Geschmack und die übermütigen Künste fingen wieder an sich frei zu entfalten, und das ganze umliegende Land erwachte wie aus langer, langer Trauer. Eine Welt war befreit! Im Park sangen und trällerten wieder die Vögel. Der Druck war gehoben, und die Fessel lag am Boden. Dichtung, Musik und Malerei und das Handwerk reichten sich Sinn, Geist und Hand, um das gesellige Leben am wiedererwachten königlichen Hof zu vergolden und zu verschönen. Der Himmel lachte wieder blau; majestätische Alpengipfel waren entschleiert. Der graue Vorhang hatte sich aufgelöst; finsternisverbreitende Wolken verschwanden; Bäume grünten und blühten; Handel und Wandel ergossen sich mit gefälliger Manier durch das weite, belebte Land.

Alles war in schönster Ordnung, alles war gut, glücklich und schön; aber am allerschönsten und allerglücklichsten war das hohe Hochzeitspaar, der edle Prinz und das liebe, süße, zarte Dornröschen.

ROBERT WALSER

Wissen und Liebe

Wissen und Liebe werden gemeinhin für zwei grundlegend verschiedene geistige Funktionen gehalten. Ich aber glaube, daß sie sich in ihrer Art nicht unterscheiden, ja ursprünglich ein und dieselbe Geistesfunktion sind. Fragen wir nach ihrer Beschaffenheit, so muß die Antwort lauten: sie liegt in der Indifferenz von Subjekt und Objekt, der Funktion, die das Ich mit dem Ding vereinigt. Warum ist das Wissen die Einheit von Subjekt und Objekt? Das wahre Gesicht der Dinge zu erkennen bedeutet, alle Einbildungen und Vermutungen fahren zu lassen, alles sogenannte Subjektive auszulöschen und mit der Wahrheit der Dinge *eins geworden*, d. h. in *reiner Objektivität zu sein.* Zu glauben, daß die schwarzen Flekken auf dem Mond eigentlich ein Hase sind, der Reiskuchen bereitet, oder daß ein Erdbeben von den Bewegungen eines Riesenwelses unter der Erde herrührt, ist subjektive Einbildung. Nur wenn wir unter Verzicht auf alle subjektiven Phantasien astronomische und geologische Forschungen betreiben und dabei den rein objektiven Naturgesetzen folgen, können wir diese Naturphänomene wahrhaft erfassen. Je objektiver wir werden, desto näher sind wir der Wahrheit der Dinge. Die Jahrtausende alte Geschichte des wissenschaftlichen Fortschritts markiert den Weg, den die Menschheit weg von der Subjektivität und hin zur Objektivität verfolgt hat. – Warum ist auch die Liebe die Einheit von Subjekt und Objekt? – Zu lieben bedeutet, sein Selbst von sich geworfen zu haben und mit einem anderen eins geworden zu sein.

Erst in der Einheit des Selbst mit dem anderen, in der es auch nicht den geringsten Riß gibt, tritt die wahre Liebe in Erscheinung. Wenn wir eine Blume lieben, werden wir eins mit ihr. Wenn wir den Mond lieben, werden wir eins mit dem Mond. Liebe ist die Einheit des Kindes mit seinen Eltern und der Eltern mit dem Kind. In dieser Einheit werden der Schaden und der Nutzen des anderen zum eigenen Schaden oder Nutzen, die Freude und das Leid des anderen zur eigenen Freude und zum eigenen Leid. Die Liebe wächst in dem Maße, in dem wir das eigene Ich aufheben und objektiv, d.h. *ichlos* werden. Von der Eltern- und Kinderliebe schreiten wir fort zur Gattenliebe, von der Gattenliebe zur Freundesliebe und von der Freundesliebe zur allgemeinen Menschenliebe. Die Liebe Buddhas galt selbst noch den Tieren und den Pflanzen.

Dergestalt sind Wissen und Liebe ein und dasselbe. Um ein Ding zu erkennen, müssen wir es lieben. Um ein Ding zu lieben, müssen wir es erkennen. Weil ein Mathematiker sein Ich und die mathematischen Prinzipien *liebt* und *eins* mit ihnen wird, erscheinen sie ihm klar und deutlich. Der Künstler liebt die Natur und wird eins mit ihr; indem sein Selbst in der Natur untergeht, erfaßt er sie erst ganz. – Andererseits *liebe* ich meinen Freund, weil ich ihn *erkenne*. Je mehr die Umstände, das Denken und der Geschmack sich angleichen, je tiefer wir einander *verstehen*, desto größer wird auch die Sympathie. Aber solange wir Liebe und Wissen voneinander trennen, die Liebe zu einer Folge des Wissens und das Wissen zu einem Resultat der Liebe machen, haben wir sie in Wahrheit noch nicht begriffen. Wissen ist Liebe, und Liebe ist Wissen. Wenn wir etwa in eine Liebhaberei versunken sind, sind wir fast ohne Bewußtsein; das Selbst ist vergessen, aufgegangen in einer höheren, erhabenen und geheimnisvollen Kraft. In diesem Augenblick gibt es weder Subjekt noch Objekt, sondern nur die wahre Einheit beider. In diesem Augenblick gibt es nur *Liebe-qua-Wissen* und *Wissen-qua-Liebe.* Wenn unser Geist von der Subtilität eines mathematischen Prinzips ganz gebannt ist, wenn wir – Hunger und Müdigkeit vergessend – ihm völlig hingegeben sind, lieben und erkennen wir es in einem. – Wenn wir die Freuden und die Leiden eines anderen ganz so empfinden, als wären es unsere; wenn wir das, was ein anderer fühlt, unmittelbar selbst fühlen, wenn wir zusammen lachen und zusammen weinen, dann lieben *und* erkennen wir den anderen. Lieben bedeutet die Empfindungen des anderen unmittelbar wahrzunehmen. Wenn wir ein Kind, das in denTeich zu fallen droht, zu retten versuchen, bleibt für den Gedanken, daß es niedlich ist, kein Raum.

Man sagt gewöhnlich, daß die Liebe ein Gefühl sei und von dem reinen Wissen unterschieden werden müsse, aber in Wirklichkeit gibt es unter den Geistesphänomenen weder ein reines Wissen noch ein reines Gefühl. Diese abstrakte Unterscheidung dient nur der wissenschaftlichen Konvenienz der Psychologen. So wie theoretische Forschung immer von einer Art Gefühl gestützt werden muß, so muß die Liebe zu einem anderen auf einer Art Intuition gründen. Was gemeinhin Wissen genannt wird, bedeutet meines Erachtens Erkenntnis eines unpersönlichen Gegenstandes; eine Erkenntnis, die selbst einen Gegenstand, der eine Persönlichkeit besitzt, als etwas

Unpersönliches ansieht. Liebe hingegen ist die Erkenntnis eines mit einer Persönlichkeit beseelten Gegenstandes; die Erkenntnis, die selbst in einem Gegenstand, der keine Persönlichkeit besitzt, eine Person sieht. Die Differenz zwischen beiden liegt nicht in der Geistesfunktion selbst, sondern eher in der Art ihrer Gegenstände. Wenn, wie viele Philosophen der Vergangenheit behauptet haben, das Noumenon der Realität des Universums mit einer Persönlichkeit ausgestattet ist, dann ist die Liebe die Kraft, die dieses Noumenon erfaßt; die tiefste Erkenntnis der Dinge. Das analytische Wissen bleibt auf der Oberfläche der Dinge und kann die Realität selbst nicht erfassen, dies können wir nur mittels der Liebe. Die Liebe ist der Gipfelpunkt des Wissens.

Wie zeigt sich das Verhältnis von Liebe und Wissen vom Standpunkt der Religion her betrachtet? Subjektivität bedeutet Vertrauen auf die eigene Kraft. Objektivität bedeutet Vertrauen auf fremde Kraft. Die Dinge zu erkennen und zu lieben bedeutet, das Vertrauen auf die eigene Kraft aufzugeben und sich dem Glauben an die Fremdkraft zu überlassen. Wenn die Arbeit eines Menschenlebens im Wissen und im Lieben besteht, wirken wir Tag für Tag im Bereich des Glaubens an die Fremdkraft. Die Wissenschaft und die Moral sind das Licht Buddhas. Die Religion ist die höchste Erfüllung dieser Funktionen. Die einzelnen Phänomene der Wissenschaft und der Moral sind alle in das Licht der Fremdkraft eingetaucht, aber die Religion rührt an den absoluten und unendlichen Buddha im Ganzen des Universums selbst. In Sätzen wie »Vater, laß diesen Kelch an mir vorübergehen. Aber nicht mein Wille, sondern dein Wille geschehe« und »Ich weiß nicht, ob uns das Aussprechen des Buddha-Namens ins Paradies oder in die Hölle führt« verbirgt sich der tiefste Sinn der Religion. Den unendlichen und absoluten Buddha oder Gott zu erkennen ist nur durch Liebe möglich. Ihn zu lieben bedeutet, ihn zu erkennen. In den Lehren der Veden, im Neoplatonismus und im Buddhismus heißt es, daß wir Gott *erkennen,* im Christentum und im Jodo-Glauben (dem Glauben an das ›Reine Land‹ des Amida-Buddha) aber, daß wir Gott *lieben* und von ihm abhängen. Trotz ihrer verschiedenartigen Ausformungen sind sie aber in ihrem Wesen identisch. Gott ist nicht analytisch zu erschließen. Das Wesen der Realität ist mit Persönlichkeit ausgestattet, daher ist Gott ganz und gar Person. Wir können ihn nur durch Intuition, Liebe und Glauben erkennen. Daher kennen wir, die wir behaupten, daß wir Gott nicht erkennen, sondern ihn nur lieben und an ihn glauben, ihn auch am besten.

NISHIDA KITARŌ

Stunde

DIE STUNDE kommt mir lächelnd und wird zur Sirene:
Alles erstrahlt von nie gesehnem Tage unzeitig:
Wirst lang du tanzen, Lichtstrahl, auf dem Vorhof
lediglich
Der dunklen Seele, als mir souveräne?

Dies ist die STUNDE, Durst und Quell – und die Sirene.

Vergangenheit brennt, STUNDE, die mich sättigt, nur für
dich.
Endlich, des einz'gen Glanz, geraubte Güter ihr, lieb ich
Das, was ich bin: Alleinsein – das ich nun als Herrin
kenne!
Meine verborgensten Dämonen, freiwillig
Im Joche, führn im Gold der Luft selbst, wo ich lebe, sich
Rein eine Weisheit aus mit klarem Wink für mich:
Ganz heiter ist, was ich mein Dasein nenne.

Dies ist die STUNDE, Durst und Quell – und die Sirene.

Wirst lang du tanzen, Lichtstrahl, auf dem Vorhof
lediglich
Des Abends, dunklem Aug' der Nacht, als mir so
souveräne?

PAUL VALÉRY

Augenblick

Die Häupter des Waldes sind in Todesgedanken
vergraben.
Licht liegt in ihnen neugeboren.
Der Wandrer und sein Pfad, sie haben
Einander eben mittenwegs verloren.
Gras steht an ihrer Stätte, Lattich, Nachtschattenblüten,
verwunderte,
vorwärts und rückwärts hängen schwere, tiefverstaubte
Jahrhunderte.

OSKAR LOERKE

Eines Morgens erwachte ich, ein lebhafter Knabe von vielleicht zehn Jahren, mit einem ganz ungewöhnlichen holden und tiefen Gefühl von Freude und Wohlsein, das mich wie eine innere Sonne durchstrahlte, so als sei jetzt eben, in diesem Augenblick des Erwachens aus einem guten Knabenschlaf, etwas Neues und Wunderbares geschehen, als sei meine ganze klein-große Knabenwelt in einen neuen und höhern Zustand, in ein neues Licht und Klima eingetreten, als habe das ganze schöne Leben erst jetzt, an diesem frühen Morgen, seinen vollen Wert und Sinn bekommen. Ich wußte nichts von gestern noch von morgen. Ich war von einem glückhaften Heute umfangen und sanft umspült. Es tat wohl und wurde von Sinnen und Seele ohne Neugierde und ohne Rechenschaft gekostet, es durchrann mich und schmeckte herrlich.

Es war Morgen, durchs hohe Fenster sah ich über dem langen Dachrücken des Nachbarhauses den Himmel heiter in reinem Hellblau stehen, auch er schien voll Glück, als habe er Besonderes vor und habe dazu sein hübschestes Kleid angezogen. Mehr war von meinem Bette aus von der Welt nicht zu sehen, nur eben dieser schöne Himmel und das lange Stück Dach vom Nachbarhause, aber auch dies Dach. Dies langweilige und öde Dach aus dunkel rotbraunen Ziegeln schien zu lachen, es ging über eine steile schattige Schrägwand ein leises Spiel von Farben, und die einzelne bläuliche Glaspfanne zwischen den roten tönernen schien lebendig und schien freudig bemüht, etwas von diesem so leise und stetig strahlenden Frühhimmel zu spiegeln. Der Himmel, die etwas rauhe Kante des Dachrückens, das uniformierte Heer der braunen und das luftig dünne Blau des einzigen Glasziegels schienen auf eine schöne und erfreuliche Weise miteinander einverstanden, sie hatten sichtlich nichts andres im Sinn, als in dieser besonderen Morgenstunde einander anzulachen und es gut miteinander zu meinen. Himmelblau, Ziegelbraun und Glasblau hatten einen Sinn, sie gehörten zusammen, sie spielten miteinander, es war ihnen wohl, und es war gut und tat wohl, sie zu sehen, ihrem Spiel beizuwohnen, sich vom selben Morgenglanz und Wohlgefühl durchflossen zu fühlen wie sie.

So lag ich, den beginnenden Morgen samt dem ruhigen Nachgefühl des Schlafes genießend, eine schöne Ewigkeit in meinem Bett, und ob ich ein gleiches oder ähnliches Glück noch andre Male in meinem Leben gekostet habe, tiefer und wirklicher konnte keines sein: die Welt war in Ordnung. Und ob dieses Glück hundert Sekunden oder zehn Minuten gedauert habe, es war so außerhalb der Zeit, daß es jedem andern echten Glücke so vollkommen glich wie ein flatternder Bläuling dem andern. Es war vergänglich, es wurde von der Zeit überspült, aber es war tief und ewig genug, um über mehr als sechzig Jahre hinweg mich noch heute zu sich zurückzurufen und zu ziehen, daß ich mit müden Augen und schmerzenden Fingern darum bemüht sein muß, es anzurufen und ihm zuzulächeln, es nachzubilden und zu beschreiben. Es bestand aus nichts, dieses Glück, als aus dem Zusammenklang der paar Dinge um mich her mit meinem eigenen Sein, aus einem wunschlosen Wohlsein, das nach keiner Änderung, keiner Steigerung verlangte.

Es war noch Stille im Haus, und auch von außen her

kein Laut. Wäre diese Stille nicht gewesen, so hätte vermutlich die Erinnerung an die alltäglichen Pflichten, an das Aufstehen und den Gang zur Schule mein Wohlsein gestört. Aber es war offenbar weder Tag noch Nacht, es war das süße Licht und das lachende Blau zwar vorhanden, aber kein Mägdetrab über die Sandsteinfliesen des Vorplatzes, keine knarrende Tür, kein Bäckerbubenschritt auf den Treppen. Dieser Morgen-Augenblick war außerhalb der Zeit, er rief zu nichts. Er wies auf nichts Kommendes hin, er war sich selbst genug, und da er mich ganz mit in sich begriff, gab es auch für mich keinen Tag, keinen Gedanken an Aufstehen und Schule, an halb gemachte Aufgaben oder schlecht gelernte Vokabeln, an hastiges Frühstücken im frisch gelüfteten Eßzimmer drüben.

Die Ewigkeit des Glückes erfuhr diesmal ihren Zerfall durch eine Steigerung des Schönen, durch ein Mehr und Zuviel an Freude. Während ich so lag und mich nicht rührte, und die lichte stille Morgenwelt in mich eindrang und mich in sich aufnahm, stieß aus der Ferne her etwas Ungewohntes, etwas Glänzendes und Überhelles golden und triumphierend durch die Stille, voll strotzender Freude, voll lockender und weckender Süßigkeit: der Klang einer Trompete. Und schon war, während ich, nun erst völlig wach, mich im Bett aufrichtete und die Decke zurückschlug, der Klang zweistimmig und mehrstimmig geworden: es war die Stadtmusik, die mit klingendem Spiel durch die Gassen marschierte, ein überaus seltenes und aufregendes Ereignis voll schmetternder Festlichkeit, daß mir das Kinderherz im Leibe zugleich lachte und schluchzte, als wäre alles Glück, aller Zauber der seligen Stunde in diese aufreizenden scharfsüßen Töne zusammengeflossen und ergösse sich nun, geweckt und ins Zeitliche und Vergängliche zurückgekehrt. In einer Sekunde war ich aus dem Bett, bebend vor Festfreude, stürzte zur Tür und ins Nebenzimmer, aus dessen Fenstern man die Straße sehen konnte. In einem Taumel von Entzücken, von Neugierde und Dabeiseinwollen legte ich mich in ein offenes Fenster, hörte beglückt die schwellenden und hochmütigen Klänge der näherkommenden Musik, sah und hörte die Nachbarhäuser und die Straßen erwachen, lebendig werden und sich mit Gesichtern, Gestalten und Stimmen anfüllen – und in derselben Sekunde wußte ich auch alles wieder, was ich in jenem Wohlsein zwischen Schlaf und Tag so ganz vergessen hatte. Ich wußte, daß in der Tat heute keine Schule sei, sondern ein hoher Festtag, ich glaube, es war des Königs Geburtstag, daß es Umzüge, Fahnen, Musik und unerhörte Belustigungen geben werde.

Und mit diesem Wissen war ich zurückgekehrt, stand ich wieder unter den Gesetzen, die den Alltag beherrschen, und wenn es auch kein Alltag war, sondern ein Festtag, zu dem die metallenen Töne mich erweckt hatten, so war doch das Eigentliche und Schöne und Göttliche dieses Morgenzaubers schon vergangen und hinter dem kleinen holden Wunder schlugen die Wellen der Zeit, der Welt, der Gewöhnlichkeit wieder zusammen.

HERMANN HESSE

Auf die Minute

Nach monatelanger Bewerbung hatte ich von der Sendeleitung ... den Auftrag bekommen, die Hörerschaft zwanzig Minuten lang mit einem Bericht aus meinem Spezialgebiet, der Bücherkunde, zu unterhalten. Für den Fall, daß meine Plauderei Anklang fände, stellte man mir eine regelmäßige Wiederholung solcher Berichte in Aussicht. Der Abteilungsleiter war liebenswürdig genug, mich darauf hinzuweisen, daß ausschlaggebend neben dem Aufbau solcher Betrachtungen die Art und Weise des Vortrags sei. »Anfänger«, sagte er, »begehen den Irrtum zu glauben, sie hätten einen Vortrag vor einem mehr oder weniger großen Publikum zu halten, das nur eben, zufällig, unsichtbar sei. Nichts ist verkehrter. Der Radiohörer ist fast immer ein einzelner, und angenommen selbst, Sie erreichen einige Tausende, so erreichen Sie immer nur tausende Einzelner. Sie müssen sich also verhalten, als wenn Sie zu einem einzelnen sprächen – oder auch zu vielen einzelnen, wenn Sie wollen; keinesfalls aber zu vielen Versammelten. Das ist das eine. Und nun noch ein Zweites: Halten Sie sich genau an die Zeit. Wenn Sie es nicht tun, so müssen wir es an Ihrer Stelle, und zwar indem wir rücksichtslos ausschalten. Jede Verspätung, sogar die kleinste, hat, wie wir aus Erfahrung wissen, die Neigung, sich im Programmverlauf zu vervielfachen. Greifen wir da nicht im Augenblick ein, so gerät uns unser Programm aus den Fugen. – Also vergessen Sie nicht: zwanglose Vortragsart! Und auf die Minute schließen!«

Mit diesen Anweisungen nahm ich es sehr genau; auch

hing von der Aufnahme meines ersten Vortrages viel für mich ab. Das Manuskript, mit dem ich mich zur angesetzten Stunde auf dem Sender einfand, hatte ich mir zu Hause laut vorgetragen und nach der Uhr kontrolliert. Der Ansager empfing mich zuvorkommend, und ich durfte es als besonderes Zeichen des Vertrauens auffassen, daß er darauf verzichtete, mein Debut aus einer anstoßenden Koje zu überwachen. Zwischen Ansage und Abmeldung war ich mein eigener Herr. Zum ersten Male stand ich in einem modernen Senderaum, wo alles der vollendeten Bequemlichkeit des Sprechenden, der zwanglosen Entfaltung seiner Fähigkeiten dient. Er kann an ein Stehpult treten oder sich in einem der geräumigen Sessel niederlassen, er hat die Wahl zwischen den verschiedensten Lichtquellen, er kann sogar auf und ab gehen und das Mikrophon dabei mit sich führen. Endlich hält eine Standuhr, deren Zifferblatt nicht Stunden, sondern nur Minuten markiert, ihm gegenwärtig, wieviel der Augenblick in dieser abgedichteten Kammer gilt. Mit dem Zeigerstand vierzig mußte ich fertig sein.

Ich hatte gut die Hälfte meines Manuskripts abgelesen, als ich den Blick wieder der Standuhr zuwandte, auf welcher der Sekundenzeiger die gleiche Kreisbahn, die dem Minutenweiser vorgezeichnet ist, mit sechzigfacher Geschwindigkeit zurücklegt. War mir zu Hause ein Regiefehler unterlaufen? Hatte ich mich jetzt im Tempo vergriffen? Klar war das eine, daß zwei Drittel meiner Redezeit verstrichen waren. Während ich Wort für Wort mit verbindlichem Tonfall weiter ablas, suchte ich im stillen fieberhaft einen Ausweg. Nur ein kühner Entschluß konnte helfen, ganze Abschnitte mußten geopfert, die zum Schluß leitenden Betrachtungen dafür improvisiert werden. Aus meinem Text mich herauszureißen, war nicht gefahrlos. Aber mir blieb keine Wahl. Ich nahm alle Kräfte zusammen, überschlug, während ich eine lange Periode ausspann, mehrere Manuskriptseiten und ging schließlich glücklich, wie ein Flieger auf seinem Flugfeld, im Gedankenkreis des Schlußabschnittes nieder. Aufatmend sammelte ich gleich darauf meine Papiere, und im Hochgefühl der Parforceleistung, die ich vollbracht hatte, trat ich vom Stehpult weg, um gelassen meinen Mantel überzuziehen.

Nun hätte eigentlich der Ansager eintreten sollen. Aber er ließ auf sich warten, und ich wandte mich nach der Tür um. Dabei fiel mein Blick noch einmal auf die Standuhr. Ihr Minutenzeiger wies sechsunddreißig! – noch volle vier Minuten bis vierzig! Was ich vorhin im Fluge erfaßt hatte, mußte der Stand des *Sekundenzeigers* gewesen sein! Nun begriff ich das Ausbleiben des Ansagers. Im gleichen Augenblick aber umfing mich die Stille, die noch eben wohltuend gewesen war, wie ein Netz. In dieser der Technik und dem durch sie herrschenden Menschen bestimmten Kammer überkam mich ein neuer Schauer, der doch dem ältesten, den wir kennen, verwandt war. Ich lieh mir selbst mein Ohr, dem nun auf einmal nichts als das eigene Schweigen entgegentönte. Das aber erkannte ich als das des Todes, der mich eben jetzt in tausend Ohren und in tausend Stuben zugleich hinraffte.

Eine unbeschreibliche Angst überkam mich und gleich darauf eine wilde Entschlossenheit. Retten, was noch zu retten ist, sagte ich zu mir selbst, riß aus der Manteltasche das Manuskript, nahm unter den übergangenen Blättern das erste beste und begann mit einer Stimme, die mein Herzklopfen mir zu übertönen schien, fortzulesen. Einfälle durfte ich nicht mehr von mir verlangen. Und da das Stück Text, das ich erwischt hatte, kurz war, so dehnte ich die Silben, ließ die Vokale ausschwingen, rollte das r und schob gedankenvolle Satzpausen ein. Noch einmal erreichte ich so das Ende – diesmal das richtige. Der Ansager kam und entließ mich, verbindlich, wie er mich vorhin empfangen hatte. Meine Unruhe aber hielt an. Als ich darum am nächsten Tag einen Freund traf, von dem ich wußte, daß er mich gehört hatte, fragte ich beiläufig nach seinem Eindruck. »Es war sehr nett«, sagte er. »Nur hapert es eben immer mit den Empfängern. Meiner hat wieder eine Minute vollkommen ausgesetzt.«

WALTER BENJAMIN

An R.

Geh ich zeitig in die Leere
Komm ich aus der Leere voll.
Wenn ich mit dem Nichts verkehre
Weiß ich wieder, was ich soll.

Wenn ich liebe, wenn ich fühle
Ist es eben auch Verschleiß
Aber dann, in der Kühle
Werd ich wieder heiß.

BERTOLT BRECHT

Es gibt Stunden im Leben, wo wir gar nicht begreifen können, warum wir so guter Dinge sind. Munterkeiten stellen sich weder auf Befehl noch auf Wunsch ein; sie sind plötzlich da, können aber ebenso eigensinnig, wie sie herbeizufliegen kamen, wieder verschwunden sein.

ROBERT WALSER

Zwei Tage vor seiner Abreise nach Genua sagte er, daß er am nächsten Tag nicht ins Café kommen würde, aber er erwarte mich um neun Uhr abends bei sich zu Hause.

Das Zeremoniell war das gleiche wie beim erstenmal: die Bildnisse der Götter von vor dreitausend Jahren strahlten Jugend aus, wie ein Ofen Wärme ausstrahlt; die fahle Photographie des jungen Gottes von vor fünfzig Jahren schien erschreckt beim Anblick der eigenen weißhaarigen, im Sessel zusammengesunkenen Metamorphose.

Als der Zypernwein getrunken war, ließ der Senator Bettina kommen und sagte ihr, sie könne zu Bett gehen. »Ich begleite den Signor Corbèra selbst hinunter, wenn er geht. – Höre, Corbèra, wenn ich dich heute abend hierher bestellt habe auf die Gefahr hin, irgendeine Hurerei von dir in Rivoli zum Scheitern zu bringen, so ist das geschehen, weil ich dich brauche. Morgen reise ich, und wenn man in meinem Alter fortgeht, weiß man nie, ob man nicht auf immer fernbleiben muß – besonders, wenn man zur See fährt. Weißt du – ich mag dich im Grunde gut leiden: deine Harmlosigkeit rührt mich, deine unbefangenen Lebensumtriebe machen mir Freude, und dann scheint mir, ich habe gemerkt, daß es dir – wie es bei einigen Sizilianern der besten Art vorkommt – geglückt ist, die Synthese von Sinnen und Vernunft zu verwirklichen. Du verdienst also, daß ich dich nicht ungespeist lasse, sondern dir erkläre, warum ich mich manchmal so sonderbar aufgeführt und dir gegenüber Äußerungen gemacht habe, die du gewiß für verrückt halten mußtest.« Ich widersprach ihm etwas matt: »Ich habe vieles von dem, was Sie gesagt haben, nicht verstanden, aber ich habe das immer darauf geschoben, daß mein Verstand dem Ihren unterlegen ist, nie darauf, daß sich der Ihre in Irrwege verloren hätte.« »Laß gut sein, Corbèra, das ist sowieso einerlei. Wir alten Leute erscheinen euch jungen alle verrückt, doch oft ist das Gegenteil der Fall. Aber um dir all das zu erklären, muß ich dir mein Abenteuer erzählen: es ist ungewöhnlich. Es hat sich abgespielt, als ich der junge Herr da war«, und er wies auf seine Photographie. »Wir müssen ins Jahr 1887 zurückgehen, eine Zeit, die dir prähistorisch erscheinen wird; aber für mich ist sie es nicht.« Er stand auf – er hatte hinter seinem Schreibtisch gesessen – und setzte sich neben mich auf den Diwan. »Entschuldige, aber ich werde hernach leise reden müssen. Wichtige Worte darf man nicht schreien; den sogenannten Liebes- oder Haßschrei trifft man nur in Melodramen an oder bei den ungebildeten Leuten – was ja dasselbe ist. Also: im Jahre 1887 war ich vierundzwanzig Jahre alt; ich sah genauso aus wie auf der Photographie, ich hatte schon den Doktor in Altphilologie gemacht und zwei kleine Schriften über die ionischen Dialekte publiziert, die an meiner Universität ein gewisses Aufsehen erregt hatten; und seit einem Jahr bereitete ich mich darauf vor, mich um den Lehrstuhl an der Universität Pavia zu bewerben. Überdies hatte ich mich noch nie einer Frau genähert. Wenn ich ehrlich sein soll – Frauen habe ich mich nie genähert, weder vor noch nach jenem Jahr.« Ich war überzeugt, daß meine Miene eine marmorne Ruhe bewahrt hätte, aber ich täuschte mich. »Höre, Corbèra, es ist sehr ungezogen, wie du da mit den

Brauen zuckst. Was ich sage, ist die Wahrheit; eine Wahrheit, deren ich mich sogar rühme. Ich weiß, daß wir Catanesen in dem Ruf stehen, wir wären imstande, sogar unsere Ammen zu schwängern, und es mag wahr sein. Was mich betrifft, so ist es nicht wahr. Wenn man, wie ich es damals tat, Tag und Nacht mit Göttinnen und Halbgöttinnen umgeht, dann hat man nicht mehr viel Lust, die Stufen zu den Puffs von S. Berillio hinaufzusteigen. Außerdem hielten mich damals auch religiöse Bedenken zurück. Corbèra, du solltest lernen, deine Brauen in Zucht zu nehmen: sie verraten dich beständig. Religiöse Bedenken, habe ich gesagt, jawohl. Ich habe auch gesagt: damals. Jetzt habe ich sie nicht mehr, aber in dieser Hinsicht hat es zu nichts gedient.

Du, mein lieber Corbèra, hast deine Anstellung bei der Zeitung möglicherweise dem Briefchen irgendeines Parteibonzen zu verdanken; du weißt nicht, was das bedeutet: die Vorbereitung auf die Bewerbung um einen Lehrstuhl in griechischer Literatur. Zwei Jahre lang muß man bis zur Grenze des Wahnsinns büffeln. Die Sprache kannte ich zum Glück schon ziemlich gut, genauso, wie ich sie jetzt kenne; und das sage ich nicht nur so hin ... Aber das übrige: die alexandrinischen und byzantinischen Varianten der Texte, die von den lateinischen Autoren immer schlecht zitierten Stücke, die unzähligen Zusammenhänge der Literatur mit der Mythologie, der Geschichte, der Philosophie, den Wissenschaften! Ich wiederhole, es ist zum Verrücktwerden. Ich studierte also unverdrossen und gab außerdem einigen durchs Abitur gefallenen Schülern Nachhilfestunden, damit ich mein Zimmer in der Stadt bezahlen konnte. Man kann sagen, daß ich mich von nichts ernährte als von schwarzen Oliven und Kaffee. Obendrein ereignete sich in jenem Sommer 1887 eine der wirklich höllischen Hitzekatastrophen, wie sie da unten ab und zu auftreten. Der Ätna spuckte nachts die Sonnenglut wieder aus, die er während der fünfzehn Stunden des Tages aufgespeichert hatte; wenn man um Mittag ein Balkongitter berührte, mußte man zur nächsten Verbandstelle laufen, die Pflastersteine aus Lava schienen im Begriff, in den flüssigen Zustand zurückzukehren, und fast jeden Tag schlug einem der Scirocco seine klebrigen Fledermausflügel ums Gesicht. Ich war am Krepieren. Ein Freund rettete mich: ich traf ihn, als ich ganz verwirrt durch die Straßen irrte und griechische Verse stammelte, die ich nicht mehr verstand. Mein Anblick machte ihm Eindruck. ›Höre, Rosario, wenn du weiter hierbleibst, wirst du verrückt, und dann addio Bewerbung. Ich gehe in die Schweiz‹ – der Junge hatte Geld –, ›aber in Augusta besitze ich ein Häuschen mit drei Zimmern, zwanzig Meter vom Meer, ganz außerhalb des Ortes. Pack dein Bündel, nimm deine Bücher, geh hin und wohne den ganzen Sommer dort. Komm in einer Stunde zu mir, da gebe ich dir den Schlüssel. Du wirst sehen: dort ist es etwas ganz anderes. Am Bahnhof frage, wo die kleine Villa Carobene ist, die kennen alle. Aber reise wirklich, noch heute abend.‹

Ich folgte dem Rat, ich reiste am selben Abend ab und fand mich am nächsten Morgen, als ich erwachte, statt bei den Abflußrohren, die mich sonst im Morgengrauen vom Hof her grüßten, einer reinen Meeresfläche gegenüber: im

Hintergrund der nicht mehr erbarmungslose Ätna, in die Dünste des Morgens gehüllt. Der Hafen war völlig einsam, wie er es noch jetzt ist – du hast es mir gesagt –, und von einer einzigartigen Schönheit. Das Häuschen mit seinen verkommenen Zimmern enthielt alles in allem das Sofa, auf dem ich die Nacht verbracht hatte, einen Tisch und drei Stühle; in der Küche ein paar Töpfe und eine alte Lampe. Hinter dem Haus ein Feigenbaum und ein Brunnen. Ein Paradies. Ich ging ins Dorf, machte den Bauern ausfindig, der das bißchen Boden von Carobene bestellte, und vereinbarte mit ihm, daß er mir alle zwei, drei Tage Brot bringen sollte, Teigwaren, etwas Gemüse und Petroleum. Öl hatte ich, von unserem eigenen, das mir die arme Mama nach Catania geschickt hatte. Ich mietete ein leichtes Boot, der Fischer brachte es am Nachmittag samt einer Reuse und ein paar Angelhaken. Ich war entschlossen, wenigstens acht Wochen zu bleiben. Carobene hatte recht: das war wirklich etwas ganz anderes. Die Hitze war auch in Augusta heftig, aber da sie nicht mehr von Mauern zurückgestrahlt wurde, brachte sie nicht einen so viehischen Kräfteverfall mit sich wie in der Stadt, sondern eine Art sanfter Euphorie; und die Sonne ließ es, nachdem sie ihre Henkersfratze aufgegeben hatte, dabei bewenden, eine lachende, wenn auch grobe Schenkerin von Energien zu sein, und auch eine Zauberin, die jede, selbst die leichteste Kräuselung des Meeres mit beweglichen Diamanten besäte. Das Studium war nun keine Mühe mehr: beim leichten Schaukeln des Bootes, in dem ich lange Stunden blieb, schien jedes Buch nicht mehr ein Hindernis, das zu überwinden war, sondern vielmehr ein Schlüssel, der mir den Durchgang in eine Welt öffnete, deren zauberischen Anblick, einen der zauberhaftesten, die es gibt, ich schon vor Augen hatte. Oft ertappte ich mich dabei, daß ich mit lauter Stimme Verse der Dichter aufsagte, und die Namen jener vergessenen, den meisten unbekannten Götter klangen wieder über die Oberfläche dieses Meeres, das sich einst, wenn es sie nur hörte, in Aufruhr erhob oder zur Windstille besänftigte.

Meine Einsamkeit war vollkommen, unterbrochen nur von den Besuchen des Bauern, der mir alle drei, vier Tage die wenigen Vorräte brachte. Er blieb nur fünf Minuten, denn er mußte, wenn er mich so begeistert und zerzaust sah, bestimmt glauben, ich stünde unmittelbar vor dem Ausbruch einer gefährlichen Tollheit. Und wenn ich ehrlich sein soll – die Sonne, die Einsamkeit, die unter dem Wandel der Gestirne verbrachten Nächte, das Schweigen, die karge Nahrung, das Studium weit zurückliegender Dinge: alles das umgab mich wie eine Bezauberung, die mich für das Wunder empfänglich machte.

Dieses vollzog sich am Morgen des fünften August, um sechs Uhr. Ich war erst eben wach geworden und sogleich ins Boot gestiegen; wenige Ruderschläge hatten mich von den Kieseln des Strandes weggebracht, und ich hielt nun unter einem großen Felsen, dessen Schatten mich vor der Sonne schützen sollte; diese stieg schon, von schönem Ungestüm schwellend, empor und verwandelte die Weiße des morgendlichen Meeres in Gold und Blau. Ich deklamierte; da spürte ich, wie sich rechts hinter mir der Rand des Bootes jäh senkte, als hätte sich jemand darangeklammert. Ich drehte mich um und sah – sie: aus dem Meer tauchte das glatte Gesicht einer Sechzehnjährigen, zwei kleine Hände packten den Bootsrumpf. Dieses junge Wesen lächelte, die bleichen Lippen waren leicht geöffnet und ließen kleine Zähne sehen, spitzig und weiß wie Hundezähne. Es war jedoch kein Lächeln, wie man es an euresgleichen sieht, wo es immer gefälscht ist, weil noch ein Ausdruck hinzukommt: Wohlwollen oder Spott, Mitleid, Grausamkeit oder irgend etwas dergleichen. Es drückte nichts als sich selbst aus, das heißt eine nahezu tierhafte Freude am Dasein, eine nahezu göttliche Fröhlichkeit. Dieses Lächeln war der erste Zauber, den sie auf mich ausübte: es offenbarte mir Paradiese einer vergessenen Heiterkeit. Von dem wirren, sonnenfarbenen Haar troff das Meerwasser über die weit geöffneten grünen Augen, über die Züge, die von kindlicher Reinheit waren.

Unsere umschattete Vernunft bäumt sich auf vor dem Wunder, mag sie noch so empfänglich dafür sein, und wenn sie eines gewahr wird, sucht sie sich an alltägliche Erscheinungen zu erinnern, an die sie sich anlehnen könnte. Wie es jeder andere getan hätte, wollte ich glauben, ich wäre einer Badenden begegnet, ich bewegte mich vorsichtig vorwärts, bis ich in gleicher Höhe mit ihr war, ich bückte mich, ich streckte die Hände aus, um ihr heraufzuhelfen. Aber sie tauchte mit erstaunlicher Kraft senkrecht aus dem Wasser bis zum Gürtel auf, schlang mir die Arme um den Hals, hüllte mich in einen nie verspürten Duft und ließ sich ins Boot gleiten: unterhalb der Leisten, unterhalb der Gesäßmuskeln war ihr Leib der eines Fisches, bekleidet mit winzig kleinen, perlmutterfarben und blau schimmernden Schuppen; er endete in einem zweigeteilten Schwanz, der langsam den Boden des Bootes schlug. Es war eine Sirene.

Lang hingestreckt, stützte sie den Kopf mit den gekreuzten Händen und zeigte ruhig, ganz ohne Scham, die zarten Härchen in den Achselhöhlen, die beiden Brüste, den vollendet geformten Leib. Von ihr stieg ein Geruch auf – ich gebrauchte vorhin den nicht guten Ausdruck ›Duft‹ –, ein magischer Geruch nach Meer, nach ganz junger Wollust. Wir waren im Schatten, aber zwanzig Meter von uns entfernt gab sich die Meeresoberfläche der Sonne hin und schäumte vor Lust. Meine fast völlige Nacktheit verbarg meine Erregung nur schlecht.

Sie sprach. Und so versank ich nach dem Zauber des Lächelns und des Geruchs in den dritten, noch größeren Zauber, den der Stimme. Sie war etwas kehlig, verschleiert, von zahllosen Harmonien tönend; in ihrem Untergrund spürte man die Brandungen der sommerlichen Meere, wenn sie an Felsen aufprallen, das Rauschen der letzten Schaumkronen auf dem Strand, das Wehen der Winde über die im Vollmond glänzenden Wogen. Den Gesang der Sirenen, Corbèra – den gibt es nicht: die Musik, der man nicht entfliehen kann, ist allein die ihrer Stimme.

Sie sprach griechisch, aber ich hatte große Mühe, sie zu verstehen. ›Ich hörte, wie du für dich allein in einer Sprache redetest, die der meinen ähnlich ist. Du gefällst mir: nimm mich. Ich bin Ligäa, die Tochter der Kalliope. Glaube nicht an die Märchen, die man über uns erfunden hat: wir töten niemanden, wir schenken nur Liebe.‹

Ich ruderte über sie gebeugt, ich sah in ihre lachenden Augen. Wir kamen ans Ufer, ich nahm den würzigen

Körper in meine Arme, wir gelangten von dem blitzenden Licht in den dichten Schatten; schon tropfte sie mir in den Mund jene Wollust, die euern irdischen Küssen gleicht wie Wein dem faden Wasser.«

Der Senator erzählte sein Abenteuer mit leiser Stimme; ich hatte im stillen meine verschiedentlichen Erfahrungen mit Frauen immer nur denen entgegengehalten, die er für so mittelmäßig hielt, und hatte daraus das dumme Gefühl abgeleitet, die Distanz sei gar nicht so groß. Aber jetzt fand ich mich gedemütigt: auch was Liebesdinge anlange, sah ich mich in einen Abgrund gestürzt – die Distanz war unüberbrückbar. Nicht einen Augenblick hatte ich den Verdacht, er lüge mir etwas vor; jeder, auch der zweifelsüchtigste Mensch, der dabeigewesen wäre, hätte aus dem Ton des Alten die reinste Wahrheit herausgehört.

»So nahmen jene drei Wochen ihren Anfang. Es ist nicht zulässig, und es wäre zudem unbarmherzig dir gegenüber, Einzelheiten zu erzählen. Genug, wenn ich dir sage, daß ich in unseren Umarmungen die höchsten Formen von geistiger und von elementarer Wollust zugleich genoß; sie war ohne jeden irgendwie geselligen Widerhall, wie es unsere einsam lebenden Hirten verspüren, wenn sie sich auf den Bergen mit ihren Ziegen verbinden. Wenn dir das Beispiel zuwider ist, so darum, weil du nicht imstande bist, die notwendige Transponierung von der tierhaften in die übermenschliche Ebene vorzunehmen – Ebenen, die einander in meinem Fall gegenüberstanden.

Denke an das, was Balzac in der *Passion dans le désert* nicht auszudrücken gewagt hat. Ihren unsterblichen Gliedern entquoll eine solche Lebensfülle, daß die Verluste an

Kraft sogleich ausgeglichen wurden, ja daß die Kraft zunahm. Damals, Corbèra, habe ich so intensiv geliebt wie hundert eurer Don Giovannis zusammen in ihrem ganzen Leben. Und was für eine Art Liebe! Eine Schutzwehr gegen Klöster und moralische Verfehlungen, gegen den Groll von Komturen und gegen die Primitivität Leporellos; fern von den Ansprüchen des Herzens, den falschen Seufzern und erkünstelten Zerfließungen, die unsere jämmerlichen Küsse unausweichlich beflecken. Ein Leporello störte uns, wenn ich ehrlich sein soll, den ersten Tag, aber es war das einzige Mal: gegen zehn Uhr hörte ich auf dem Pfad, der zum Meer führte, die klappernden Stiefel meines Bauern. Ich hatte gerade noch Zeit, den ungewöhnlichen Leib Ligäas mit einem Laken zu bedecken – da erschien der Bauer schon in der Tür: ihr Kopf, ihr Hals, ihre Arme, die nicht bedeckt waren, machten Leporello glauben, es handle sich um eine ganz gewöhnliche Liebelei, und daher flößten ihm diese Glieder plötzlich Respekt ein. Er blieb noch weniger lange als sonst, und als er ging, blinzelte er mir mit dem linken Auge zu und machte mit Daumen und Zeigefinger, die er krümmte und aneinanderlegte, eine Bewegung, als zwirble er sich am Mundwinkel einen imaginären Schnurrbart. Dann kletterte er den Pfad hinauf.

Ich habe von zwanzig Tagen gesprochen, die wir zusammen verbrachten; ich möchte aber nicht, daß du dir vorstelltest, sie und ich hätten während jener drei Wochen ›ehelich‹ gelebt, wie man sagt, also Bett, Speise und Beschäftigungen gemeinsam gehabt. Ligäa entfernte sich sehr oft: ohne mir vorher eine Andeutung zu machen, tauchte sie ins Meer und verschwand, manchmal auf viele Stunden. Wenn sie zurückkam, fast immer ganz früh, fand sie mich entweder im Boot, oder sie strich, wenn ich noch im Häuschen war, auf den Strandkieseln entlang, halb im Wasser, halb draußen, auf dem Rücken, wobei sie sich mit den Armen half, und rief nach mir, damit ich ihr helfen sollte, den Hang hinaufzukommen. ›Sasà‹, rief sie, denn ich hatte ihr gesagt, daß dies die Koseform meines Namens war. In solchen Augenblicken bot sie, behindert gerade an dem Teil ihres Leibes, der ihr im Meer Behendigkeit verlieh, den mitleiderregenden Anblick eines verwundeten Tieres – ein Eindruck, den das Lachen in ihren Augen sogleich wieder auslöschte. Sie aß nur Lebendiges; oft tauchte sie aus dem Meere auf – der zarte Rücken glänzte in der Sonne –, während ihre Zähne einen silberschuppigen, noch zuckenden Fisch zerrissen. Das Blut lief ihr in Streifen über das Kinn, und nach ein paar Bissen wurde der Stockfisch oder die zerkaute Goldbrasse über die Schulter geworfen und verschwand, das Wasser rot färbend, im Meer, während sie vor Lust einen kindlichen Schrei ausstieß und sich die Zähne mit der Zunge ableckte. Einmal gab ich ihr Wein; aus dem Glas zu trinken war ihr nicht möglich, ich mußte ihn ihr in die winzige, ein ganz klein wenig grünliche Handfläche gießen, und sie trank ihn so; ihre Zunge schleckte leicht schnalzend wie bei einem Hund, und in ihren Augen malte sich die Überraschung über diesen unbekannten Geschmack. Sie sagte, der Wein sei gut, aber später nahm sie ihn nie mehr. Ab und zu kam sie ans Ufer mit den Händen voller Austern und Muscheln, und während ich Mühe hatte, die Schalen mit einem Messer zu öffnen, zerschlug sie sie mit einem Stein und saugte das noch zuckende Weichtier samt den Muschelstückchen, um die sie sich nicht kümmerte.

Ich habe es dir schon gesagt, Corbèra: sie war ein Tier, aber im gleichen Augenblick war sie auch eine Unsterbliche. Es ist schade, daß man, wenn man von ihr spricht, nicht ständig diese Synthese so ausdrücken kann, wie sie sie in vollkommener Einfachheit mit ihrem Körper ausdrückte. Sie zeigte nicht nur beim Sinnenakt eine Fröhlichkeit und Zartheit, die ganz das Gegenteil der schrecklichen tierischen Gier war; auch ihre Sprache war von einer starken Unmittelbarkeit, wie ich sie nur bei wenigen großen Dichtern wiedergefunden habe. Man ist nicht umsonst die Tochter Kalliopes: in Unkenntnis aller Art von Bildung, jeden moralischen Zwang verachtend, hatte sie trotzdem teil an der Quelle jeder Kultur, jeder Weisheit, jeder Ethik und wußte dieser ihrer ursprünglichen Überlegenheit in Worten von etwas rauher Schönheit Ausdruck zu geben. ›Ich bin alles, weil ich nur fließendes Leben bin, und nichts als das; ich bin unsterblich, weil aller Tod in mich einmündet, von dem des Stockfisches von vorhin bis zu dem von Zeus; in mir vereinigt werden sie wieder Leben, das nicht mehr persönlich und begrenzt ist, sondern panisch und daher frei.‹

Dann sagte sie: ›Du bist schön und jung, du solltest mir jetzt ins Meer folgen, dann würdest du den Schmerzen und dem Alter entgehen; du kämest in meine Behausung unter die hohen Berge regloser, dunkler Wasser, wo alles allerstillste Ruhe ist – so dem Orte eingeboren, daß der, der sie besitzt, es nicht einmal mehr merkt. Ich habe dich geliebt. Denke daran: wenn du einmal müde bist, wenn du wirklich nicht mehr kannst, dann brauchst du dich nur über das Meer zu beugen und mich zu rufen, ich werde immer dasein, denn ich bin überall; dein Durst nach Schlaf wird gestillt werden.‹

Sie erzählte mir von ihrem Leben unten im Meer, von den bärtigen Tritonen, den bläulich-grünen Höhlen, aber sie sagte mir, auch diese seien eitler Schein und die Wahrheit sei sehr viel tiefer, im blinden, stummen Palast nicht mehr geformter, ewiger Wasser ohne einen Schimmer, ohne das leiseste Geräusch.

Einmal sagte sie mir, sie würde länger fortbleiben, bis zum Abend des folgenden Tages. ›Ich muß weit fortgehen, dorthin, wo ich, wie ich weiß, ein Geschenk für dich finde.‹

Sie kam in der Tat zurück mit einem wunderbaren purpurnen Korallenzweig, der mit Muscheln und Krustentierchen überzogen war. Ich habe ihn lange in einem Kästchen aufbewahrt, jeden Abend küßte ich die Stellen, auf denen, wie ich noch gut wußte, die Finger der immer kühl Bleibenden, also Wohltätigen gelegen hatten. Dann hat ihn eines Tages Maria, meine Haushälterin, die Vorgängerin Bettinas, gestohlen, um ihn ihrem Kerl zu geben. Ich habe den Zweig später bei einem Juwelier am Ponte Vecchio wiedergefunden, entweiht, gesäubert und geglättet, so daß man ihn kaum wiedererkannte. Ich habe ihn gekauft und nachts in den Arno geworfen: er war durch zu viele profane Hände gegangen.

Sie sprach auch von den nicht wenigen menschlichen Liebhabern, die sie in ihrer tausendjährigen Jugend gehabt hatte: Fischer und Seeleute, griechische, sizilianische, arabische, solche von Capri; auch einige Schiffbrüchige, die auf nassen Trümmern einhertrieben, ihnen war sie einen Augenblick in den Blitzen des Sturmes erschienen, um ihr letztes Röcheln in Lust zu verwandeln. ›Alle sind sie meinem Ruf gefolgt und zu mir gekommen, einige sogleich, andere nachdem sie das, was für sie eine lange Zeit war, durchlaufen hatten. Nur einer hat sich nicht eingefunden; es war ein hübscher, kräftiger Junge mit ganz weißer Haut und rotem Haar, mit dem ich mich an einem fernen Strand verbunden habe, dort, wo sich unser Meer in den großen Ozean ergießt. Er roch nach etwas, was stärker war als der Wein, den du mir einmal gegeben hast. Ich glaube, er ist nicht etwa ferngeblieben, weil er glücklich war – sondern er war, als wir uns trafen, so trunken, daß er gar nichts mehr begriff; ich bin ihm wohl wie eine seiner Fischerfrauen vorgekommen.‹

Jene Wochen eines hohen Sommers vergingen so rasch wie ein einziger Morgen; als sie vorbei waren, merkte ich, daß ich in Wirklichkeit Jahrhunderte gelebt hatte. Dieses sinnenfrohe Mädchen, dieses grausame kleine wilde Tier war auch eine höchst weise Mutter gewesen: sie hatte allein durch ihre Gegenwart Glaubensinhalte entwurzelt, metaphysische Schwärmereien zerstreut; mit ihren zerbrechlichen, oft blutigen Fingern hatte sie mir den Weg gezeigt zu einer ewigen Ruhe, auch zu einer Askese im Leben, die nicht aus dem Verzicht kam, sondern aus der Unmöglichkeit, künftig andere, geringere Lüste anzunehmen. Ich werde bestimmt nicht der zweite sein, der ihrem Ruf nicht gehorcht; ich werde diese Art heidnischer Gnade, die sie mir gewährt hat, nicht zurückweisen.

Eben wegen seines Ungestüms war jener Sommer kurz. Etwas nach dem zwanzigsten August schoben sich die ersten Wolken zögernd zusammen, es regnete ein paar Tropfen, nur einzelne, warm wie Blut. In den Nächten flammten fern am Horizont stumm die Blitze, langsam, einer dem andern folgend, als sinne ein Gott über sie nach. Am Morgen klagte das taubenfarbene Meer wie eine Turteltaube in geheimer Unruhe, und am Abend kräuselte es sich, ohne daß man eine Brise wahrgenommen hätte, in einer Stufenfolge von rauchgrau, erzgrau, perlgrau, alles ganz sanfte Schattierungen, das Gemüt mehr ansprechend als der frühere Glanz. Weit entfernte Nebelfetzen streiften die Wasser; an den griechischen Küsten regnete es vielleicht schon. Auch die Stimmung Ligäas veränderte die Farbe: sie ging vom Glanz zur Gemütswärme des Grau über. Sie schwieg öfter, verbrachte Stunden auf einem Felsen hingestreckt, um den nicht mehr unbewegten Horizont zu betrachten, und entfernte sich selten. ›Ich möchte noch mit dir zusammenbleiben, wenn ich jetzt ins Weite schwämme, würden meine Gefährten vom Meer mich festhalten. Hörst du sie? Sie rufen mich.‹ Manchmal meinte ich wirklich einen etwas anderen Ton zu vernehmen, tiefer als den hellen Schrei der Möwen, meinte zwischen den Felsen wirres Haar aufblitzen zu sehen. ›Sie spielen auf ihren Muscheln, sie rufen Ligäa zu den Festen des Sturms.‹

Dieser Sturm packte uns in der Morgendämmerung des sechsundzwanzigsten August. Vom Felsen sahen wir, wie der Wind näher kam und das ferne Meer durcheinanderwühlte; wo er über die Fluten fuhr, quollen sie bleiern auf, unermeßlich und träge. Sehr bald erreichte der Windstoß auch uns, er pfiff uns um die Ohren, er bog die ausgedörrten Rosmarinbüsche. Das Meer unter uns barst auseinander, die erste Woge kam heran, mit weißem Schaum gekrönt. ›Lebe wohl, Sasà. Du wirst nicht vergessen.‹ Die Sturzwelle brach sich am Felsen, die Sirene warf sich in die hoch aufsprudelnde, regenbogenfarbene Flut. Ich sah sie nicht untertauchen; es war, als löse sie sich im Schaum der Welle.«

Am nächsten Morgen reiste der Senator ab; ich ging auf den Bahnhof, um ihm Lebewohl zu sagen. Er war widerspenstig und scharf wie immer, aber als sich der Zug in Bewegung setzte, streiften seine Finger vom Fenster aus meinen Kopf.

Am Tage danach, in aller Frühe, rief man aus Genua bei der Zeitung an: der Senator La Ciura war nachts vom Deck der *Rex,* die nach Neapel fuhr, ins Meer gefallen, und obwohl man sofort Schaluppen zu Wasser ließ, hatte man den Körper nicht gefunden.

TOMASO DI LAMPEDUSA

Wild gewordene Erde, ungeheures Meer
Trennt mich vom Ort des Grabes,
Wo jetzt der gefolterte Körper
Sich auflöst ...
Es zählt nicht ... Ich höre immer genauer
Diese Seelenstimme,
Die ich hier nicht zu verteidigen wußte ...
Sie sondert mich ab, wird immer festlicher, wird meine Freundin
Von Augenblick zu Augenblick
In ihrem einfachen Geheimnis ...
Auf die Hügel bin ich wieder gegangen, zu den geliebten Pinien,
Und der heimatliche Tonfall im Wohlklang der Luft,
Den ich mit dir nie wieder hören werde,
Zerreißt mich bei jedem Atemzug ...
Unter dem Beil der enttäuschte Zweig,
Wenn er fällt, er beklagt sich kaum, so wenig
Wie das Blatt bei der Berührung der Brise ...
Aber es war die Furie, die die zarte Gestalt
Niederschlug, und die nachdrückliche
Barmherzigkeit einer Stimme verzehrt mich ...
Keine Begeisterung kostet der Sommer mich mehr,
Noch der Frühling Ahnungen;
Du kannst dich neigen, Herbst;
Mit deinen törichten Glorien:
Für einen ausgeraubten Wunsch breitet der Winter
Die gnädigste Jahreszeit aus! ...

GIUSEPPE UNGARETTI

An einen Kameraden

Lieber D ...

Du bist in einem plötzlichen Zorn von mir gegangen. Unsere beiden Zimmer sind von einer Stunde zur anderen zwei einsame Inseln geworden. Ich höre deutlich Deine Schritte, wenn Du an meiner Wand entlang über den Gang gehst. Ich hebe den Kopf und blicke auf die Wand, als dürfte ich Deine Schritte bannen. Manchmal streichst Du mit der Hand über die Wand, aber Du trittst nicht ein. Ich könnte zu Deinem Mantel hinausgehn, der da draußen am Haken hängt. Ich könnte im Vorübergehn seinen Ärmel anfassen wie einen alten Freund.

Aber jetzt hören meine geschärften Ohren das leise Klinken des Kleiderbügels gegen den Haken. Dein Mantel schleift gegen irgendeinen Gegenstand. Du läßt Deine Zimmertür offen. Noch hebst Du scharrend die kleine Holztür des Briefkastens hoch, und mein Herz beginnt in rasenden Schlägen zu ticken. Ich weiß jetzt, was kommen wird. Du zögerst vielleicht. Du horchst nach einem Geräusch, das ich mache. Werde ich die Tür aufreißen und Deine Blicke fangen und wird dies immer so sein?

Du ziehst heftig die Tür hinter Dir ins Schloß, Du reißt daran, damit sie auch ganz sicher schließt, und dann läufst Du in einem Zug acht halbe Treppen hinunter. Ich höre jeden einzelnen Schritt bis nach unten wie einen Stoß. Wovor läufst Du davon? Jetzt setzt in meinem Kopf dies feine helle Schwirren ein, das wie eine eisige Warnung ist, der Boden scheint sich zu senken und in einer Richtung zu drehen. Dann Stillstand und Stille wie ein Loch. Ich flüchte mich zu dem großen weißen Kachelofen, der wie etwas Lebendiges in der Ecke steht, weil er Wärme abgibt. Ich presse meine Wange daran. Es hebt mich an ihm empor, als ob ich meilenweit an ihm hinaufklettern möchte. Sind wir denn Fische an einer Angel, die ganz stille halten, sich verstellen oder sich aufbäumen können, aber die eine höhere Gewalt zielbewußt ermüdet, da ihnen der unerbittlich scharfe Haken in der Kehle sitzt?

Nein! Ich darf nicht glauben, daß Gott es nicht gut mit uns meinte, als er uns beide zusammenführte, weil es nun soviel Schwierigkeiten gibt. Ich darf diesen Gedanken nicht eintreten lassen in mein Herz, der es dürre macht. Und wenn zwischen uns zuweilen die harten Worte fallen, die aus unseren Gegensätzen kommen – denselben Gegensätzen, die uns einmal anzogen und immer anziehen werden –, dann liegt es an mir allein, die Pfeile dieser Worte in jenen Eifer zu verwandeln, der mich durch die Gefahren am Wege unbeirrt vorwärtstreibt, dem Ziel einer großen und gelösten gemeinsamen Liebe entgegen. Lieben heißt nicht, sich nach einem anderen sehnen und ihn umfassen, lieben heißt, für den anderen etwas tun.

Wie könnte ich dem Rat anderer Menschen folgen und mich unverwundbar machen, so daß diese Spitzen mich nicht mehr im Innersten treffen und jeder neben dem anderen seinen ungestörten abgeschlossenen Weg geht. Dies würde nur zu einem äußerlichen Ertragen führen, nicht zur innigen Verschmelzung, in der wir beide uns erfüllen wollen. Wenn ich einen Menschen lieb habe, muß ich ihm jenes vornehme Vorrecht einräumen, mich von ihm verwunden zu lassen und die Härte des Augenblicks durch meine freudige Hingabe in etwas verwandeln, was meine Seele liebenswerter, der Liebe würdiger macht. Da ich dich liebe, wie darf ich mich solchen Gedanken überlassen, die mich an Deine Pflichten gegen mich mahnen. Ich muß viel mehr in erster Linie an die Pflichten denken, die ich selbst gegen Dich habe.

Du hast recht, ich darf mich nicht mehr gehen lassen, wie ich mich früher vielleicht gehen lassen konnte, weil keinem etwas dadurch genommen wurde als mir selbst. Solange ich allein war, konnte ich mich noch berauben; ich selber mußte es ja bezahlen. Ich konnte mich der Schwermut preisgeben; denn der graue Geier nagte nur an meinem eigenen Herzen. Jetzt darf ich mich selber nicht mehr kränken, auf daß Du dich nicht gekränkt fühlst in mir. Wenn ich auch die grauen Geister, die ich zu lange einließ, nicht völlig aus mir vertreiben kann, so bin ich es Dir schuldig, daß sie mich mit der Waffe in der Hand antreffen, weil Du mich lieb hast und mich immer mehr lieben willst.

Wie dürfte ich eine Hingebung, die die Absicht hat, über die Zeit zu triumphieren, von mir stoßen, indem ich an den Schwierigkeiten, die doch nur zeitgebunden sind, hart und abgestumpft werde? Ich weiß, daß, was Dich an mich bindet, nicht meine äußere Erscheinung ist, sondern eine Kraft in mir, an die Du glaubst. Ich darf Dich nicht an mir irre machen. Was ich aus mir selber nicht konnte – Dein Vertrauen auf mich wird mir dazu helfen, daß ich es kann.

Wenn Gott in seiner Güte mich nicht abfallen ließ von seinem Haar und mir durch Deine Person seine Stimme sandte wie die Posaune des Gerichts und durch Deine Person mir seine Hand entgegenstreckte, die auf jeden wartet, solange er lebt, er muß sie bloß erfassen – wie darf ich da noch dauernd zurückfallen in meine Fehler und sagen, ach nein, ich bin zu schwach, ich kann das alles nicht aushalten, ich bin müde und verbittert, ich habe zu viel schlechte Erfahrungen gemacht? Sondern ich muß meine Hand willig Dir entgegenstrecken und darauf vertrauen, daß ich nicht geprüft werde über meine Kräfte, und daß, wenn die Prüfung groß ist, die Kräfte so geartet sind, daß sie daran sich ausdehnen. Denn Gott will mich nicht verderben, wenn ich ihn nicht selber dazu zwinge, mich zu verderben. Wie darf ich klein vor mir selber werden und mich freiwillig in die Dürre bannen, die meine Seele von Jahr zu Jahr häßlicher und meine Freundschaft weniger wertvoll macht?

Denn wir wollen nicht irgendein Mann und irgendeine Frau sein, die sich zusammentun, um nicht allein zu leben. Ich fühle, daß Du berufen wurdest, um mich im Innersten aufzurütteln aus einem falschen Glauben an mich selbst, und mir meine Fehler endlich sichtbar zu machen. Denn ich hatte die Bereitschaft verlernt, meinem eigenen Ich zu nahe zu treten um eines anderen willen, und wann immer mir ein anderer zu nahe trat, starrte ich, in einem unfruchtbaren Wahn befangen, wie gebannt nur auf dies eine Unrecht, das mir widerfuhr, und ließ ich befangen das Leben an mir vorbeigehen, das doch immer ein dankenswertes Wunder bleibt. Jetzt bist Du an meine Seite gestellt, wie ein sichtbarer Zeiger, der zum Zorn ausschlägt, wenn ich es nicht richtig mache, und zur Freude, wenn es mir gelungen ist, mich selber zu überwinden. Und wenn es mir schwer fällt, bist Du mir mitgegeben, wie eine Speise, an der ich mich trösten und von der ich mich nähren darf. Ich weiß, daß dies das größte Geschenk meines Lebens ist, und ich danke Dir dafür jeden Tag. Diese Gewißheit soll mein Wall sein gegen den Zynismus von draußen und die Anfechtungen von innen. Möge ich nie vergessen, daß ein Gnadengeschenk leicht verlorengeht, wenn es nicht jeden Tag neu errungen wird durch den Eifer und die Bereitschaft des Herzens.

Deine
Marieluise Fleißer

Der Augenblick

Für Kurt Steinmeyer

Entfernter Tage wirst du dich entsinnen
In karger Zeit des Kampfes und der Mühen;
Erinnerung wird Zaubermacht gewinnen
Und Hoffnung auf dem Saum der Wolken glühen.

Doch auch der Augenblick hat seine Gnade
Und hebt sich oft zu dringender Erscheinung,
Und ist ein mächtger Trieb des Lebens, gerade
Da es der Frage würdig ist und der Verneinung.

Und läßt ein Kleines, eines Hauptes Wendung,
Ein Hergewehtes aus der Flut der Töne,
Ein Wort, ein Lächeln für das Ganze stehen.

Für dieses Eine, dieses schmerzlich schöne
Geborenwerden, Dasein und Vergehen,
Und aller Dinge Ursprung und Vollendung.

MARIE LUISE KASCHNITZ

Wirk nicht voraus,
sende nicht aus,
steh
herein:

durchgründet vom Nichts,
ledig allen
Gebets,
feinfügig, nach
der Vor-Schrift,
unüberholbar,

nehm ich dich auf,
statt aller
Ruhe.

PAUL CELAN

Behalte den Augenblick

Behalte den Augenblick,
wo Seile und Bretter abgelegt sind,
die Träger in der Wirtschaft Karten spielen,
im Trauerhaus wieder das Feuer brennt
und das erste Gelächter zu hören ist.

GÜNTER EICH

Blaue Blume

Sie ist weiß und sie ist blau. Das heißt, sie ist weiß wie die weiße Rose, und ganz plötzlich wird sie blau. Ein Insekt färbt sie, so scheint es, aber niemand weiß, wie es das macht. Ein Augenblick der Zerstreutheit und schon ist sie blau. Dieses Insekt trägt in einem Knie, mit fadigem Speichel festgenäht, ein Päckchen, und in diesem Päckchen, umgeben von Eiern und von Blau – reinstes Indulin – ist der Ehemann. Dieser Ehemann schläft den ganzen Tag und bebrütet die Eier, die durch ein Loch in das Päckchen fallen, das in dem Knie ist, woran es festgenäht ist. Wenn die Stunde kommt, kriecht das Insekt der Blume ins Herz, lädt das Päckchen ab, und die Blume, die weiß war, wird blau von oben bis unten. Sie sagen: – Oh, es ist nämlich so, daß der Ehemann, sobald er sich blumenumhüllt sieht, das Päckchen aufbricht und alles von blauem Saft überschwemmt wird und die Eier platzen und die Kleinen sofort losfliegen, jedes mit seinem Päckchen im Knie ... einverstanden. Aber das sind bloße Vermutungen. Die Wahrheit ist, daß die weiße Blume in einem Nu blau wird. Wie? Dahinter kommt man nie, und jedermann ist ein bißchen durcheinander und verwirrt.

MERCÈ RODOREDA

Unbewegt

In jedem dunklen, engen Hof
steht doch ein Baum,
Zitrone, Pappel oder irgendein anderer –

ein Baum, vom Licht getroffen und ohne
Gewicht,
alle Augenblicke bereit zum Sprung
aus der Ummauerung.

Die Bäume – sie zwingen so die Sonne,
sich in ihren Zweigen festzuhalten
und den Sprung hinein zu tun.

JANNIS RITSOS

Kein Grund zur Panik. Eigentlich kann gar nichts passieren. Der Lift hängt zwischen dem 37. und 38. Stockwerk. Alles schon vorgekommen. Kein Zweifel, daß der elektrische Strom jeden Augenblick wiederkommen wird. Humor der ersten Minute, später Beschwerden über die Hausverwaltung allgemein. Jemand macht kurzes Licht mit seinem Feuerzeug, vielleicht um zu sehen, wer in der finsteren Kabine steht. Eine Dame mit Lebensmitteltaschen auf beiden Armen hat Mühe zu verstehen, da es nichts nützt, wenn man auf den Alarm-Knopf drückt. Man rät ihr vergeblich, ihre Lebensmitteltaschen auf den Boden der Kabine zu stellen; es wäre Platz genug. Kein Grund zur Hysterie; man wird in der Kabine nicht ersticken, und die Vorstellung, daß die Kabine plötzlich in den Schacht hinunter saust, bleibt unausgesprochen; das ist technisch wohl nicht möglich. Einer sagt überhaupt nichts. Vielleicht hat das ganze Viertel keinen elektrischen Strom, was ein Trost wäre; dann kümmern sich jetzt viele, nicht bloß der Hauswart unten in der Halle, der vielleicht noch gar nichts bemerkt hat. Draußen ist Tag, sogar sonnig. Nach einer Viertelstunde ist es mehr als ärgerlich, es ist zum Verzagen langweilig. Zwei Meter nach oben oder zwei Meter nach unten, und man wäre bei einer Türe, die sich allerdings ohne Strom auch nicht öffnen ließe; eigentlich eine verrückte Konstruktion. Rufen hilft auch nichts, im Gegenteil, nachher kommt man sich verlassen vor. Sicher wird irgendwo alles unternommen, um die Panne zu beheben; dazu verpflichtet ist der Hauswart, die Hausverwaltung, die Behörde, die Zivilisation. Der Scherz, schließlich werde man nicht verhungern mit den Lebensmitteltaschen der Dame, kommt zu spät; es lacht niemand. Nach einer halbe Stunde versucht ein jüngeres Paar sich zu unterhalten, so weit das unter fremden Zuhörern möglich ist, halblaut über Alltägliches. Dann wieder Stille; manchmal seufzt jemand, die Art von betontem Seufzer, der Vorwurf und Unwillen bekundet, nichts weiter. Der Strom, wie gesagt, muß jeden Augenblick wieder kommen. Was sich zu dem Vorkommnis sagen läßt, ist schon mehrmals gesagt. Daß der Strom-Ausfall zwei Stunden dauert, sei schon vorgekommen, sagt jemand. Zum Glück ist der Jüngling mit dem Hund vorher ausgestiegen; ein winselnder Hund in der finsteren Kabine hätte noch gefehlt. Der Eine, der überhaupt nichts sagt, ist vielleicht ein Fremder, der nicht genug Englisch versteht. Die Dame hat ihre Lebensmitteltaschen inzwischen auf den Boden gestellt. Ihre Sorge, daß Tiefkühlwaren tauen, findet wenig Teilnahme. Jemand anders vielleicht müßte auf die Toilette. Später, nach zwei Stunden, gibt es keine Empörung mehr, auch keine Gespräche, da der elektrische Strom jeden Augenblick kommen muß; man weiß: So hört die Welt nicht auf. Nach drei Stunden und elf Minuten (laut späteren Berichten in Presse und Fernsehen) ist der Strom wieder da: Licht im ganzen Viertel, wo es inzwischen Abend geworden ist, Licht in der Kabine, und schon genügt ein Druck auf die Taste, damit der Lift steigt wie üblich, wie üblich auch das langsame Aufgehen der Türe. Gott sei Dank! Es ist nicht einmal so, daß jetzt alle beim ersten Halt sofort hinausstürzen; jedermann wählt wie üblich sein Stockwerk ...

MAX FRISCH

Augenblick und Ewigkeit

Die Erfahrung der Ewigkeit hängt von der *Intensität* des subjektiven Erlebens ab und nicht von einer substantiellen Objektivität oder einem stetigen Zeitkontinuum. Das Eintreten in die Ewigkeit kann nur durch eine Transzendierung der Zeit vollzogen werden, indem man sich dem ununterbrochenen Verhältnis der Augenblicke untereinander entzieht. Es bedarf eines dramatischen und angespannten Ringens mit der Zeit, auf daß nach der Überwindung des Trugbildes der Aufeinanderfolge von Momenten nur das rasende Erleben des Augenblicks übrigbleibe, das dich geradewegs zur Ewigkeit emporschwingt. Auf welche Weise ermöglicht das absolute Leben im Augenblick den Zugang zur Ewigkeit? Der Sinn für Werden und Zeit ergibt sich aus dem Gefühl der Unzulänglichkeit der Augenblicke, ihrer Relativität und ihrer Bedingtheiten. Jene, die ein ausgeprägtes Zeitbewußtsein haben, leben jeden Moment, indem sie an den folgenden, somit an Abfolge und Wandlung denken. Allein, die Ewigkeit wird nur durch die Ausschaltung der Beziehungen zugänglich, durch das absolute Leben im Augenblick. Jede Ewigkeitserfahrung birgt einen Sprung und eine Verklärung, weil eine derartige vorausgehende Spannung erforderlich ist, um zur heiteren Gelassenheit der Ewigkeitsbetrachtung zu finden, daß ihr nur wenige gewachsen sind. Bei dieser Kontemplation ist nicht ihre Dauer, sondern ihre Intensität wichtig. Die Rückkehr zum gewöhnlichen Erleben mindert keineswegs die Fruchtbarkeit dieser inbrünstigen Erfahrung. Was zählt, ist die *Häufigkeit* dieser Kontemplation. Nur durch häufige Erfahrungen kann man zum Ewigkeitsrausch gelangen, zum Zustand reiner Beseligung, in welcher die Verklärungen erhabene und immaterielle Aureolen anlegen und die Wonnen überirdisch sind, von leuchtender und berückender Transzendenz. Das Herauslösen aus der Reihe verleiht dem Moment absoluten Charakter; nicht in objektiver, sondern in subjektiver Weise. Ein Absolutes für unsere Empfindung, dem man allerdings nicht Unwirklichkeit oder Phantastik beilegen kann. Denn wenn die Zeit mit ihrer Vielfalt einzelner Augenblicke aus der Perspektive der Ewigkeit nicht gar irreal, so ist sie doch ziemlich irrelevant für das Wesentliche.

In der Ewigkeit lebst du, ohne irgend etwas zu bereuen oder zu erwarten. Bewirkt der als solcher gelebte Augenblick nicht ein Heraustreten aus der Relativität des Geschmacks und der Kategorien, eine Überwindung der Immanenz, in welche uns die Zeitlichkeit des Lebens verstrickt? Das Leben in der Immanenz ist ohne das gleichzeitige Leben in der Zeit unmöglich, weil das Wesensmerkmal der Zeitlichkeit dem Leben als dynamischer und fortwirkender Tätigkeit innewohnt. Der dramatische Charakter des Lebens ist ohne Zeit unvorstellbar. Je inbrünstiger das Leben, desto wesenhafter und offenbarungsreicher die Zeit. Das Leben weist eine Mannigfaltigkeit von *Richtungen*, intentionalen Trieben auf, die sich nur in der Zeit entspinnen können. Wenn man das Leben meint, spricht man von *Augenblicken*, meint man die Ewigkeit, vom *Augenblick*. Ist die Erfahrung der Ewigkeit, die Bezwingung der Zeit, die Transzendierung der

Augenblicke kein Lebensverlust? In dieser Verklärung liegt eher ein Abgleiten des Lebens in eine andere Ebene, wo Antinomie und Dialektik der Lebenstriebe in lichten Höhen geläutert werden. Jenen, welchen die Betrachtung der Ewigkeit angeboren, wie jenen, welche in den morgenländischen Kulturen gedeihen, ist das dramatische Ringen um die Überwindung der Zeit fremd sowie die Bemühung um Verinnerlichung, die wir von der Zeitlichkeit bis zu den Wurzeln Verseuchten aufwenden. Aber für uns ist die Kontemplation der Ewigkeit auch ein Anlaß zu einnehmenden Visionen und wundersamen Verzückungen. Dem, der das Bewußtsein der Ewigkeit erworben hat, ist alles erlaubt, weil sich für ihn alle Unterscheidungen in einer Vision monumentaler Heiterkeit auflösen, welche der völligen Entsagung entquillt. Die Ewigkeit kann nicht mit der Leidenschaftlichkeit geliebt werden, mit der man ein Weib oder sein Schicksal oder seine eigene Verzweiflung liebt. Die Hinneigung zur Ewigkeit gleicht einem Aufflug zum sommerlichen Himmel oder dem Aufschwingen zur Unscheinbarkeit eines Sternenschimmers. Himmelblau und Sternenlicht sind Sinnbilder der Ewigkeit, in der du nichts mehr bereust und begehrst.

E. M. CIORAN

Augenblicke

Zu lange lebte man und wußte nie
wie es sich lebte recht und schlecht –
von Augenblicken ein Geflecht.
Der Augenblick gehört der Phantasie.

Im Kopf ein Nebel läßt Gedanken
ohne Zusammenhang entstehn.
Die Bilder kommen, Bilder gehn.
Und die sich in die Arme sanken,

sich liebten und zu ihrer Zeit
betrogen, ohne es zu wissen –
einander gut, einander leid:
sie werden sich zu spät vermissen.

KARL KROLOW

Alle Namen sind bloß der eine Name,
alle Gesichter nur das eine Antlitz,
alle Jahrhunderte sind ein Moment nur,
und bis ans Ende aller Ewigkeiten
ist die Zukunft blockiert durch ein Paar Augen,

nichts ist mir gegenüber, ein Moment nur,
losgekauft, heute nacht, und geträumt gegen
einen Traum versammelter Bilderschwärme,
ausgemeißelt mit harter Mühe gegen
den Traum hier, und dem Nichts der Nacht entrissen,
aufgebaut mit den eignen Händen, Letter
um Letter, während draußen die Zeit fortprescht
und die Welt an die Tore meiner Seele
mit blutgierigem Stundenzeiger hämmert,

nichts als ein Augenblick, während die Städte,
die Namen, die Gerüche, das Erlebte
in meiner erblindeten Stirn zerfallen,
während lastende Nacht mit ihrer Schwere
mein Denken niederdrückt und mein Gerippe,
während mein Blut nur langsam weiterwandert
und meine Zähne mürbe werden, meine
Augen grau sich umwölken und die Jahre
und Tage ihre leeren Schrecken häufen,

während die Zeit zusammenklappt den Fächer
und nichts mehr da ist hinter ihren Bildern,
versinkt der Augenblick, treibt wieder oben,
rings umlauert vom Tod und bedroht von der

Nacht und ihrem unheimlich hohlen Gähnen,
bedroht vom wild verworrenen Gelärme
des lebenstollen, bunt maskierten Todes,
versinkt der Augenblick, dringt in sich selber,
wie eine Faust sich schließt, wie eine Baumfrucht,
die langsam ihrer eignen Mitte zureift
und die sich selber trinkt und sich ergießt,
schließt sich der lichtdurchströmte Augenblick
und reift nach innen, ruhig, und schlägt Wurzeln,
keimt in mir auf, besetzt mein ganzes Wesen
und treibt aus mir sein windberauschtes Laubwerk,
meine Gedanken sind nur seine Vögel,
quecksilbern kreist sein Saft durch meine Venen:
Geistbaum und Früchte, um die Zeit zu schmecken,

o Leben, schon gelebt und noch zu leben,
Zeit, die mit hohem Wellengang zurückrollt
und wieder fortgeht, ohne Blick nach hinten,
was geschehen, das war nicht, sondern währt noch
und mündet lautlos ein in einen andern,
den nächsten Augenblick, der sich verflüchtigt …

OCTAVIO PAZ

Eines Tages

Eines Tages stand ich am Ufer des Mississippi.
(Keine Erzählung.)
Das Hochwasser führte in dem ihm eigenen
beschleunigten Fließen
mit sich 1 gedunsene Kuh 1 gedunsenes Schwein
1 gedunsenen Baum 1 gedunsenen Strauch.
Nicht aber den Dampfer mit Rad.

Als ich mich unbeobachtet sah
tauchte ich eine Hand in das Kadaverwasser
meiner Kindheit.
Das ist keine Erzählung.
Das ist der Augenblick.

ELISABETH BORCHERS

An einem Tag passiert soviel mehr, als man an einem Tag schreiben kann. Nur in einem Gedicht könnte man alles sagen. Weil er kein Gedicht machen kann, hat er das Gefühl, es in der Gegenwart nicht aushalten zu können.

Daß man sich verlöre in einer Geschichte, nicht mehr herausfände! Aber wenigstens darstellen, daß man sich niemals verliert. Diese ungeheure Vorsicht jeden Tag, ein Leben lang. Immer mit angehaltenem Atem. Vielleicht wäre überhaupt nichts, wenn man sich nicht so zusammennähme. Man stürzte einfach durchs Leere.

Tief hinab in die Steppe. Sie reiten. Es hüpft der Horizont. Später wiegt er sich. Sie durchbrechen die fernste Linie. Bevor sie noch ausgeschnauft haben, reißt der nächste Horizont den Blick hin. Schwindel. Die Haut siedet Bläschen. Weiter. Hier möchten sie nicht gestorben sein! Weiter! Sie baden doch nicht zweimal im selben Schmerz.

MARTIN WALSER

Traumwald

Heut nacht durchschritt ich einen Wald im Traum
Er war voll Grauen Nach dem Alphabet
Mit leeren Augen die kein Blick versteht
Standen die Tiere zwischen Baum und Baum
Vom Frost in Stein gehaun Aus dem Spalier
Der Fichten mir entgegen durch den Schnee
Trat klirrend träum ich seh ich was ich seh
Ein Kind in Rüstung Harnisch und Visier
Im Arm die Lanze Deren Spitze blinkt
Im Fichtendunkel das die Sonne trinkt
Die letzte Tagesspur ein goldner Strich
Hinter dem Traumwald der zum Sterben winkt
Und in dem Lidschlag zwischen Stoß und Stich
Sah mein Gesicht mich an: das Kind war ich.

HEINER MÜLLER

Kurze Geschichte der Bourgeoisie

Dies war der Augenblick, da wir,
ohne es zu bemerken, fünf Minuten lang
unermeßlich reich waren, großzügig
und elektrisch, gekühlt im Juli,
oder für den Fall daß es November war,
loderte das eingeflogene finnische Holz
in den Renaissancekaminen. Komisch,
alles war da, flog sich ein,
gewissermaßen von selber. Elegant
waren wir, niemand konnte uns leiden.
Wir warfen um uns mit Solokonzerten,
Chips, Orchideen in Cellophan. Wolken,
die Ich sagten. Einmalig!
Überallhin Linienflüge. Selbst unsre Seufzer
gingen auf Scheckkarte. Wie die Rohrspatzen
schimpften wir durcheinander. Jedermann
hatte sein eigenes Unglück unter dem Sitz,
griffbereit. Eigentlich schade drum.
Es war so praktisch. Das Wasser
floß aus den Wasserhähnen wie nichts.
Wißt ihr noch? Einfach betäubt
von unsern winzigen Gefühlen,
aßen wir wenig. Hätten wir nur geahnt,
daß das alles vorbei sein würde
in fünf Minuten, das Roastbeef Wellington
hätte uns anders, ganz anders geschmeckt.

HANS MAGNUS ENZENSBERGER

Der Eigentümer

Zwei Tage vor seinem Bankrott zählt der Bauunternehmer Simon die Sekunden seines Lebens

Nordweststurm über Berlin. Kurze, schnell dahinfliegende Wolken rhythmisieren die Bewegung des Mondes. Simon Weigel, Unternehmer der Gruppe Zentrum Bau S. A., die am folgenden Tag zusammenbrach, er aber starb 14 Tage darauf, besaß, als er den dramatischen Himmel von seinem Fahrzeug aus betrachtete, von diesem Ausgang seines Lebens keine Gewißheit. Sein Geschäftsfreund H. Wedekind hatte sich nicht nehmen lassen, ihn in einem VW-Bus vom Flughafen abzuholen, zwei Mitarbeiter auf den Sitzen der dritten Reihe, alles bestimmt, die Wichtigkeit des dringlichen Besuchs zu betonen.

Die Wetterfront bedeckte die Tiefebene, die sich als einheitliche Landschaft bis hin zum Ural erstreckt und deren großräumiges Wettergeschehen immer auch das Häusermeer Berlins erfaßt. Über der Stadt aber erscheint das Wetter gewissermaßen als Parade, weil so viele empfindende Seelen in den Häusern vermutet werden können, die diesen Sturm hören, spüren, und dieser auf solche Weise, wie durch einen Scheinwerfer, durch Empfindung angeleuchtet wird. Die bewegte Atmosphäre erhält eine Wahrnehmung von Dramatik.

Weiter draußen, nur von Einzelnen betrachtet, signalisiert das ähnlich bewegte Verhältnis von Mond, Wolken und Sturm Gottverlassenheit: Ein ununterbrochener rascher Strom von Luftmassen, gemischt vor der Küste Neufundlands, hat drei oder vier Tage als Meereszubehör den Atlantik überquert und behandelt jetzt den Kontinent so, als sei er ein Teilstück der Meere.

Man kann so etwas nicht kaufen, sagt Simon Weigel. Man müßte in den Hallen der Hochhäuser, die in der Friedrichstraße errichtet werden, Projektionen ablaufen lassen, die diese Nachtstimmung »Nordweststurm über Berlin« wiedergeben. Solche Projektionen würden noch am heißesten Augusttag eine Sehnsucht nach festen Unterkünften erzeugen. Die Gier nach luxuriösem Wohnraum und sicheren, warmen Geschäftsräumen in Berlin Mitte ließ derzeit zu wünschen übrig.

Wetterlagen wie diese gab es über Berlin seit der Wende vom 18. auf das 19. Jahrhundert, jeweils für die Dauer von bis zu drei Tagen insgesamt 19992mal, d. h. zwölfmal im Jahr. Beobachtet von empfindungsarmen Tatmenschen werden sie selten. Entweder einer sieht nichts oder ist an diesem Tag nicht empfindsam, oder er ist nicht in Berlin, oder er ist kein unternehmerischer Tatmensch. Ist es kein Tatmensch, so wird sein Herz angerührt, aber sein Tun bleibt unbeeinflußt, weil er z. B. nur dichtet oder herumläuft oder eine Pause in seinem Leben zur Beobachtung investiert.

Hitler sah einen solchen Mond im Sturm-November 1936. Napoleon bemerkte ihn bei seinem kurzen Aufenthalt in Berlin 1806. Bismarck erwähnt ihn in seinen »Gedanken und Erinnerungen« sechsmal, sah ihn wohl öfter. Strousberg, der Eisenbahnkönig, sah ihn sieben Monate vor dem Bankrott seines Imperiums. Die Brüder Siemens beobachteten ihn nicht, obwohl sie ihn sahen: sie bereiteten sich vor auf die Gründung von Firmen in Baku und in der Nähe von Tanger; es ist aber nicht so, daß ein »wolkengeschüttelter Mond« eine Vorhersage für Glück oder Unglück oder überhaupt für menschliches Geschehen enthält. Die Lebensläufe sind zu kurz, um durch die dauerhaften Einflüsse des Mondes, die nur langzeitig wirken, nachdrücklich beeinflußt zu werden. Erst über vierzehn Generationen hinweg, bei vollständiger Erinnerung und gleichbleibender Tatkraft der Einzelglieder dieser Generationen, wäre der Mond das Schicksal. Dies entspräche ungefähr dem halben individuellen Leben eines Riesen. Wir sprechen aber heute selten von Riesen, allenfalls von einer Riesenstadt.[1]

Die Firma, die Simon Weigel gehörte, war 110 Jahre alt. Zweimal hatte sie den Unternehmensgegenstand gewechselt. In zwei Inflationen im gleichen Jahrhundert war sie auf ihre Sachanlagen zurückgeschnitten und dadurch revitalisiert worden. 1989 war an den vorsichtigen Weigel

1 Dante Alighieri berechnet die Größe eines Riesen mit 122,5 m in der Höhe. Er geht davon aus, daß von seiner, Dantes, Hand bis zum Ellenbogen eine Länge von 50 cm gemessen wird. Das Siebzigfache davon wären 35 m. Die Länge zwischen Hand und Ellenbogen verhält sich zum Gesamtkörper 1 : 3,5. Dante, der diese Untersuchung anstellte, war untersetzt bis kleinwüchsig. Die Angaben sind wiedergegeben bei Galilei »Die Vermessung der Hölle nach Dante Alighieri«, 1587. Da Raum- und Zeitmaße bei allen Lebewesen sich proportional entwickeln, beträgt der Lebenslauf eines Riesen der Vorzeit 410 Jahre. Es ist ein Abschlag dafür einzurechnen, daß der Astralleib eines Menschen nur bis zum dritten Lebensjahr wächst, danach entwickeln sich die Körper der Menschen nur als leere Hülle; sie stellen eine Erscheinung dar, was man für unabhängige Riesen der Vorzeit nicht annehmen soll.

die Versuchung herangetreten. Im Mietwagen fuhr er über die Landstraßen der noch souveränen DDR, tags, nachts. Er hatte Joint-Ventures, Verschwörungen mit Belegschaften angezettelt, die von den Organen des untergehenden Staates bereits nicht mehr wahrgenommen wurden. Das Konzept, dem er folgte: Ein Drittel des Eigentums für die Belegschaft, ein Drittel für die Weiterentwicklung oder das örtliche Gemeinwesen, ein Drittel für den Investor oder Unternehmer. Sozusagen eine Vielfalt von Eigentum, verschiedene Charaktere des Eigentums, die sich nach den Gebrauchswerten sortierten. Im Wettlauf mit dem nicht bewachbaren Gesetzgeber (dieser wechselte von der Volkskammer zu örtlichen Räten und dann nach Bonn) und der in breiter Front angreifenden Konkurrenz, die die ersten Gespräche mit Treuhandmitarbeitern bereits hinter sich hatte, ehe Weigel die neuen Zuständigkeiten bemerkte, gewann und verlor Weigel, opferte aus Eigensinn Teile seines Vermögens, wollte die (nur dem ersten Anschein nach) frei herumliegende Beute, so wie 1943 als Junge in den Junkershöhlen die Flugzeugteile, aufsammeln, sah sich behindert, kämpfte und war zum Tag der Währungsumstellung zurückversetzt auf wenige, allerdings ausgesuchte Plätze in der Metropole des Landes. Hier schien ein schneller Anschluß an die Marktströme Westeuropas allenfalls möglich. Auf diese Restobjekte, es handelte sich um Bauvorhaben in Berlin Mitte, konzentrierte sich Simon Weigels Unternehmensgruppe seither. Die Nachfrage wuchs zu langsam. Er hatte mit wesentlichen Teilen seines Vermögens seinen Glauben an die Gewerbefreiheit, an Planung, an Teile seines Charmes bei diesem Gewaltmarsch verloren und war mehr als Rettungsarbeiter und immer weniger als Unternehmer tätig.

Sie waren unter Mondlichtgeflacker (= Mond unterbrochen von Wolkenfetzen) in das Viertel gelangt, das parallel zur Rückfront der Frankfurter Straße und östlich vom Alexanderplatz liegt. Sie besichtigten ausgeschachtete Grundstücke. Man mußte sich hier Hochbauten vorstellen. Zusätzlich konnte man sich einen Ausbau des Alexanderplatzes imaginieren, ein Kommen und Gehen von Baubeamten, den vollendeten Regierungssitz im Spreebogen, Untertunnelung der Stadtmitte, Rettung des Verkehrswesens, internationales Interesse, ein Fräuleinwunder des Ostens, dadurch Belebung des erotischen Horizontes der bisher von Baustellen durchzogenen, noch grauen Stadt, hierdurch Entstehen der Gier, des Geizes und der abstrakten Genußsucht, die die Gravitationskräfte erzeugen, die die als erfolgreich gedachte Unternehmung voraussetzt. Nichts von dieser Antriebskraft oder gar Gravitation, die in den Bildprospekten des Projektes angedeutet war, existierte bereits wirklich. Es war eine poetische Aktivität erforderlich, sich »die allmähliche Entwicklung von Motiven während des Bauens«, das Entstehen der notwendigen Geistesverwirrung und schöpferischen Zerstörung vorzustellen. Die Voraussetzung dafür war, fremde Unternehmen und Menschen in diese Stadtmitte zu treiben, sie zu veranlassen, ihre angestammten Häuser zu verlassen und ihr Glück hier im gedachten Raum zu versuchen. »Die nächste Generation wird auf den Ruinen unserer Vorhaben bauen.«[2] Simon Weigel spürte die Angst. Ihn hatte der Elan fortgerissen, der von den Anfängen im Dezember 1989 ausging, als das Beutetier offen dalag, nicht für jeden, jedoch für die Schnellen und Erfindungsreichen. Das war die Beute, ein relativ kleiner, aber vollständig erhaltener Behemoth[3], der, während er noch in seine lebendigen Teile zerfiel, plötzlich erlegt und blitzartig aufgeteilt worden war. Den daran Nagenden entzogen, im Besitz von Behördenchefs, Koalitionen von Wirtschaftsprüfern und Großunternehmen.

Jetzt, im unheimlichen Geheul des Sturms, sahen die Baugruben leer aus, leer an unmittelbarer Hoffnung. Wie ein entschlossener Schauspieler verhielt sich Simon Weigel auch in der sich abzeichnenden Niederlage als »führender Gestalter«. Er stellte Fragen, vollführte Gesten. Es war nicht mehr wichtig, was genau er vorführte. In wenigen Tagen war seine Führerschaft zuende, die Vertreter der Banken zerteilten seine »Fische«, richteten sie im Sinne Schumpeters zu neuer schöpferischer Zerstörung ein. Anfänger würden neue Versuche starten, um die Zeit zu überbrücken, bis die Grundlagen für einen marktwirt-

2 So Albert Speer über die Gebäudezerstörung im Spreebogen, die 1941 den Platz frei machte für die Planung des Neubaus der Reichshauptstadt Berlin. Diese Reichshauptstadt, umbenannt in Germania, hatte ihr Zentrum in öffentlichen Gebäuden im Spreebogen. Grundgedanke der Planung war eine gigantische Nordsüdachse.

3 Man weiß von den Urtieren Leviathan und Behemoth, daß sie (ähnlich einem Fisch- oder Heuschreckenschwarm) ein Ganzes aus lebendigen Teilen bilden. Nie zerfielen diese Ganzheiten so rasch, daß die Teile ihr Eigenleben gewannen, ehe sie in den Untergang eines der Tiere hineingerissen wurden.

schaftlichen Erfolg in dieser Erdengegend nachgewachsen wären. Simon Weigel wußte, daß er dann nicht mehr zu den Lebenden im kapitalistischen Sinn zählte. Was er nicht wußte, ist, daß sich in seinem Inneren Zerfallskräfte organisierten, daß seinem Vermögen rasch sein Menschenkörper folgen würde.

Etwa 36000 Tage umfaßt ein volles Menschenleben. Simon Weigel blickte auf 18200 Tage zurück. Er hätte, auch wenn man die erinnerungslose Kindheit und die Tage heftigster Aufregung, die das Erinnerungsvermögen und damit das »Rückblicken« zertrümmert, abzieht, keine Rechenschaft darüber geben können, wie er sie verbracht oder im einzelnen investiert hatte. Nur vage konnte er sich in dieser eigenen Vergangenheit orientieren. Topographie der veräußerten Zeit: Im Flugzeug hatte er, in Vorempfindung seines Geburtstages, der in zwei Monaten anstand, eine rohe Gliederung der Jahre in seinen Laptop eingetragen. Man kann dafür die Aufeinanderfolge der Weihnachts- oder Silvesteraufenthalte nehmen. Simon Weigel blieb an solchen Feiertagen nie zu Hause, d.h. die Reisen ergaben einen Unterschied zwischen den Jahren.

Weiterer Anhaltspunkt: Entwicklung der Firma und ihrer Daten, auffällige Bilanzergebnisse. Dritter Anhaltspunkt: Einige Glücksmomente, wann war ich für Sekunden oder Minuten unbegrenzt glücklich? Die Todesfälle großer Politiker oder Wendepunkte des Politischen gaben dagegen nur ungenaue Hilfen für die Gliederung der eigenen Zeit. Simon wußte gerade noch, wo er sich befand, als ihn die Nachricht von Kennedys Tod ereilte.

Endlich ist er im Hotel angelangt. Die italienische Designerin hat das Innere des Großbaus konsequent in Blau gestaltet. Teppiche in den Zimmern, in den Fluren, in der großen Halle tragen die dominante Farbe Blau in zahlreichen Schattierungen. Die Grundidee ist einfach: Es geht um die visuelle Umsetzung des Namens »Maritim«. Auch dieser Großbau befindet sich im Wartestand auf die künftige Entwicklung der Stadt.

Wie fühlt sich ein Besiegter, angelangt in einem Appartement, in Sichtweite des Doppelbettes, im Licht der gedämpften Lampen, beschützt vor Sturm und aggressiv wechselndem Mondlicht durch dicke blaue Vorhänge, die an großstädtische Vorhänge in Bürgervillen des Jahrhundertanfangs erinnern? Simon schließt die Tür, packt aus, duscht heiß. Ein intensiver Kopfschmerz quält ihn bei jedem heftigen Temperaturwechsel.

Er liest einige Minuten im Bett und schläft ein. Dies alles wird er noch wach mit mehr oder weniger Bewußtsein tun, dann haucht er seinen Elan aus. Seine zerstreuten Gewohnheiten, die er wie Kleider in seinem Koffer täglich überall hin mit sich führt, werden herrenlos zurückbleiben, wenn er auf die Reise geht.

Sechs Uhren im Raum, darunter seine Armbanduhr, die er jetzt schon dreißig Jahre lang in der Welt herumträgt. Wie aufmerksame Wachtiere messen sie die Sekunden und Minuten. Von letzteren wird Simon Weigel in der Vermögensrechnung seines Lebens 18 200 mal 24 mal 60 = 26 208 000 aufweisen. Das sind 18 200 mal 24 mal 60 mal 60 Augenblicke, wenn man auf den individuellen und für seine Freunde unverwechselbaren Lidschlag von Simon

Weigel von je einer Sekunde rechnet. Das bleibt realistisch, auch wenn ein Schreck oder ein letztes Blinzeln in weit weniger als einer Sekunde diese Augenhülle zumacht. Es ist aber insofern eine Fehlrechnung, als er im Schlaf, wie jetzt, zwar mit den Augenlidern zuckt, aber sie nachts im wesentlichen geschlossen hält. Der Schlaf ist für Simon Weigel kein »kleiner Tod«, sondern Vorschuß auf das Eigenleben von Niere, Leber, pochendem Herz, Kreislauf und Traum, allerdings auch der selbstregulierenden Kräfte in seinem Kopf, die er, bevor er einschlief, als heftige Stiche wahrnahm und die, von seinem Eigenblut durchpulst, gefährliche, ungreifbare Gegner sind, ungreifbarer als seine Bankengegner und Konkurrenten, die ihn übermorgen zerstören wollen. Er hat sich vorgenommen, Haltung zu bewahren, das letzte Eigentum, das er hat.

ALEXANDER KLUGE

Wie schnell wir sprechen und leben

es war Abend, und ich wußte
noch nichts, als ich es wiederfand in der Zeitung,
das Gedicht vom *Nachträglichen Abschied.*
Nun blieb ich sitzen, horchte
auch und fragte zurück, was war denn,
                        (»wir sehen uns bald,
wir werden reden«)
nun gut: weiter in der Zeit
des Konjunktivs, bis wir, genauer,
wissen
        (und haben viel zu tun). Und
dann der Tag: ich fand den Zettel
im Büro; das Telefon ist schnell,
und schnell die Fragen, Daten, Wünsche
zwischen unseren Terminen
                                        (zwischen
unseren Gespenstern) –
getrennte Leitung;
nächste Verbindung und bitte sofort; im Ohr
noch letztes Wort, ungefähr wie
Doppelleben –
                    Orte, Häuser, Tische im Wechsel; Probleme
des Abschieds, der Wörter in diese und jene
Richtung,
            so haben wir gelernt,
gelernte Balance und selten einmal ganz still.

JÜRGEN BECKER

Du sagtest,
als wir dich sahen, *was dann?*
was dann? Was du nur begehrst, ist
eine Geschichte.
Du hörst unser Schweigen nicht,
während du plapperst über dein inneres Wesen
mit deiner gestundeten Stimme, deiner konvertierbaren
Wehmut, dem Geschlecht deines Geldes. Deine Bank
ist immer versiegelt, deine Aktien
schlafen im Freien.

Du weißt das nicht. Du stehst da
mit deinem Gesäusel, deiner gegrillten Frau,
deinem gerösteten Kind,
Querflöte, Jagdhorn,
deiner Honigspur über das Grundbuch.

Wir gingen nach Hause,
dorthin, wo wir schon waren. Es gab weder Tür
noch Fenster. Hinter den Wänden hörten wir dich
noch summen über die Kunst, die das Leben
erhelle, das Schluchzen
deines Madrigals.

Unsre Uhr
tickt nur einmal pro Tag.
Erst dann warst du still.

CEES NOTEBOOM

Die Augenblicke

Könnt ich die Augenblicke leben, nicht nur den Tag.
Den bloßen Tag, der mir zerläuft
Nicht nur den Fluß des Sommers. Sinkt
Stunden, nicht weg mir unter der Jahre Trommelschlag.
Und
Könnt ich in dir dich lieben: nicht aller Fraun
Fleisch unter deinem Fleisch. Deine Sprache
Verstehn: im Schrei der Million. Nicht auf dir fort-
Treibend starr zu allen Stirnen und Schenkeln sehn.
Ah alle Sekunden verlassen mich. Nur der Sommer rast
ganz durch mich.
Und weg fallen die Blätter, alle, ich reiße
Die Zeit mir her, in der wir uns alle lieben. So hart
Bin ich gegen mich: ich verzichte täglich auf dich.
Und mit dir verliere ich alles, auch mich.

VOLKER BRAUN

Liebes-Lied

Wie soll ich meine Seele halten, daß
sie nicht an deine rührt? Wie soll ich sie
hinheben über dich zu andern Dingen?
Ach gerne möcht ich sie bei irgendwas
Verlorenem im Dunkel unterbringen
an einer fremden stillen Stelle, die
nicht weiterschwingt, wenn deine Tiefen
schwingen.
Doch alles, was uns anrührt, dich und mich,
nimmt uns zusammen wie ein Bogenstrich,
der aus zwei Saiten *eine* Stimme zieht.
Auf welches Instrument sind wir gespannt?
Und welcher Geiger hat uns in der Hand?
O süßes Lied.

RAINER MARIA RILKE

Schon lange will ich über die Dauer schreiben,
keinen Aufsatz, keine Szene, keine Geschichte –
die Dauer drängt zum Gedicht.
Will mich befragen mit einem Gedicht,
mich erinnern mit einem Gedicht,
behaupten und bewahren mit einem Gedicht,
was die Dauer ist.

Immer wieder habe ich die Dauer erfahren,
im Vorfrühling an der Fontaine Sainte-Marie,
im Nachtwind an der Porte d'Auteuil,
in der Sommersonne des Karstes,
im vormorgendlichen Heimweg nach einem Einssein.

Diese Dauer, was war sie?
War sie ein Zeitraum?
Etwas Meßbares? Eine Gewißheit?
Nein, die Dauer war ein Gefühl,
das flüchtigste aller Gefühle,
oft rascher vorbei als ein Augenblick,
unvorhersehbar, unlenkbar,
ungreifbar, unmeßbar.
Und doch hätte ich, mit ihrer Hilfe,
welchen Widersacher auch immer
anlachen und ihn entwaffnen können,
hätte die Meinung,
ich sei ein böser Mensch,
umgewandelt in die Überzeugung:
»Er ist gut!«,
wäre, gäbe es einen Gott,
das Gefühl der Dauer lang dessen Kind gewesen.

Noch gestern hörte ich auf dem Waagplatz in Salzburg,
in dem Geschiebe und dem Gerassel des immerwährenden Einkaufstags,
eine Stimme wie vom entfernten Ende der Stadt her
meinen Namen rufen,
begriff im selben Moment,
daß ich den Text der *Wiederholung*,
mit dem ich zur Post unterwegs war,
am Marktstand vergessen hatte,
vernahm, zurücklaufend, jene andere Stimme,
welche vor einem Vierteljahrhundert,
in der Nachtstille eines Außenbezirkes von Graz
vom entfernten Ende der leeren langen geraden Straße
ähnlich fürsorglich, wie von oben herab, mir entgegenkam,
und konnte da das Gefühl der Dauer umschreiben
als ein Ereignis des Aufhorchens,
ein Ereignis des Innewerdens,
ein Ereignis des Umfangenwerdens,
ein Ereignis des Eingeholtwerdens,
wovon?, von einer zusätzlichen Sonne,
von einem erfrischenden Wind,
von einem lautlosen, all die Mißtöne zurechtstimmenden
und einigenden zarten Akkord.

»Tage währts, Jahre dauerts«:
Goethe, mein Held
und Meister des sachlichen Sagens,
du hast es wieder einmal getroffen:

Die Dauer hat mit den Jahren zu tun,
mit den Jahrzehnten, mit unserer Lebenszeit;
die Dauer, sie ist das Lebensgefühl.

Unnötig vielleicht, zu sagen,
daß keine Dauer ausgeht
von den täglichen Katastrophen,
den sich wiederholenden Widrigkeiten,
den neuaufflammenden Kämpfen,
dem Zählen der Opfer.

Der wie üblich verspätete Zug,
das dich wieder einmal mit dem Pfützendreck
überschüttende Auto,
der dich mit dem einen Finger
über die Straße winkende schnurrbärtige Polizist
– an der Stelle des glattrasierten von gestern –,
die alle Jahre an einer anderen Stelle
wiederkehrende Stinkmorchel im Gartendickicht,
der dich allmorgendlich anknurrende Nachbarhund,
die mit jedem Winter neu aufjuckenden Kinderfrost-
beulen,
die immergleichen Schreckensträume
vom Verlorengehen der Liebsten,
das ewige plötzliche Einanderfremdwerden
zwischen zwei Atemzügen,
das Elend der Heimkunft ins Heimatland
nach deinen Weltforschungsreisen,
jene Myriaden vorweggenommener Tode
in der Nacht vor dem ersten Vogellaut,

die tägliche Attentatsnachricht im Radio,
das täglich niedergefahrene Schulkind,
die täglichen bösen Blicke des Unbekannten:
Das alles vergeht zwar nicht
– wird nie vergehen, wird nimmer aufhören –
doch es hat keine Dauerkraft,
es strahlt nicht die Wärme der Dauer aus,
es gibt nicht die Tröstung der Dauer.

Notwendig dagegen, zu unterscheiden:
Auch »des Augenblicks erstaunenswerte Wunder,
die sind es nicht, die das beglückende,
das ruhig mächtige Dauernde erzeugen«.

PETER HANDKE

Sekundengedicht

als ich die tür öffnete
hatte ich sekundenlang
zugluft: das gesicht
der ersten sekunde verbarg sich hinter
der zweiten sekunde
die zweite sekunde trat zurück und gab der
ersten sekunde den vortritt
die dritte sekunde eine art feuerwehrschlauch der
die eingänge und ausgänge freizuhalten hat spülte
die erste und die zweite sekunde unter den
teppich wo beide eine neue sekunde zeugten
ich bin aus der ersten und zweiten sekunde geboren
weshalb muß ich die vierte sekunde sein
erklang ein kosmisches babygeschrei
die dritte sekunde devot steckte den feuerwehr-
schlauch in den mund der vierten sekunde
die zu sich kam indem sie vergaß
die fünfte sekunde sagte was interessiert mich
sekunde eins zwei drei vier
mich interessiert sekunde fünf
die sekunde sechs degradierte sofort die fünfte
sekunde zur ersten sekunde
anschließend betrank sie sich ihren sieg
feiernd und laut erklärend sie werde
die dynastie der sekunden begründen
die siebente sekunde sagte ich bin die ärztliche
kommission die über feuerwehrschläuche
entscheidet die nicht in betracht

gezogen werden und mithin rehabilitierte sie die
  dritte sekunde und entließ sekunde sechs
  weil sie das wort feuerwehrschlauch nicht
  ausgesprochen hatte
die achte sekunde spendete beifall
die neunte sekunde kam auf einem mexikanischen
  feuerwehrschlauch angeritten
die zehnte sekunde kontrollierte den feuerwehr-
  schlauch
die elfte sekunde kontrollierte die neunte sekunde
die zwölfte sekunde reichte der dritten sekunde
  die hand
die dritte sekunde reichte der siebenten sekunde
  die hand
die siebente sekunde reichte der achten sekunde
  die hand
die dreizehnte sekunde sagte
  nun sind wir endlich der ewige
feuerwehrschlauch

FRANZ HODJAK

Zur blauen Stunde

Ich schalte die blaue Stunde ein.
Ist mir doch egal, wann,
das alte Lied wird gepfiffen.
Was hab ich am Wegrand gespielt
und Wetter verflucht und gehen lassen.
Willst meine Truhe Seufzer
und Seufzerfrauen sehn?
Zur blauen Stunde
sind auch die Mörder schön.

UWE KOLBE

Zu: in der küche ist es kalt

ein Wintergedicht / ein Endzeitgedicht / ein Gedicht um Tränen zu vergießen / ein Gedicht / man möchte es umarmen, weil es alle Verzweiflung, alle Traurigkeit, alle Gottverlassenheit dieser Welt vermittelt.

Realitätshintergrund: es ist Winter, Winter 88. Ich stehe in der ungeheizten unbeheizbaren Nordküche in Ernst Jandls Wohnung.

Wir haben die mit Notizen vollgestopften überquellenden Schubladen seines Maschinschreibtischchens nach Manuskripten (»Makulatur«) durchstöbert, und aussortiert, was sich eignen könnte, in seinen neuen Gedichtband »idyllen« aufgenommen zu werden / kumulierende Bibliographie / hier in diesen Schubladen Anhäufung von Notizen, handgeschriebenen Manuskripten, Fragmentarisches, Halbfertiges, ein paar Zeilen, oft nur ein Wort, nachts oder spätnachmittags aufgeschrieben, unleserlich manchmal selbst für den Autor, Bruchstücke, mit anderen Arbeiten nicht mehr in Zusammenhang zu bringen. Sorglos, achtlos, stapeln sich hier die Blätter, hingeworfen in Selbstverachtung, Selbstzerfleischung, Egalität. Blatt um Blatt, die Schubladen sperren sich gegen weitere Einverleibung, früher, vor ein paar Jahren noch, wurde jedes fertiggeschriebene Gedicht in einer Mappe abgeheftet, jetzt gilt dem Schreiber alles wie Abfall, den man am besten irgendwo vergräbt.

Ich ziehe ein Blatt nach dem anderen hervor, alles handgeschriebene, meist mit Bleistift hingeworfene Zeilen, Gedichtanfänge, dann wieder abgeschlossene Verse, in mehreren Fassungen, mit der Maschine geschrieben. Wir beschäftigen uns nachmittagelang, eigentlich den ganzen Winter 88, damit, Aufgeschriebenes zu sichten, zu begutachten, zu konservieren. Dann stoße ich eines Tages plötzlich auf vier mit Bleistift hingeschleuderte Zeilen:

> in der küche ist es kalt
> ist jetzt strenger winter halt
> mütterchen steht nicht am herd
> und mich fröstelt wie ein pferd

vage erinnerbar: die letzte Zeile mußte wenig anders gelautet haben, es mußte eine Vorversion gegeben haben.

Diese letzte Zeile, die von tiefster Verlassenheit, Vereinsamung, Ausgegrenztheit kündet, von trostsuchendem Identifikationsversuch mit der stummen Kreatur – der Droschkengaul in der Winterkälte, der stundenlang mit hängendem Kopf auf dem gleichen Platz steht, ohne Obsorge, ohne Betreuung, wartend auf einen Menschen, der ihn in Trab setzt – greift ans Herz.

Die Vorfassung der letzten Zeile ist mir entglitten, auch Ernst Jandl nicht mehr erinnerlich, wohl kaum mehr auffindbar.

Wir setzen uns mit dem Blatt an den niedrigen Couchtisch, einander gegenüber, und überlegen, wie diese letzte Zeile noch präziser formuliert werden könnte, schließlich findet Ernst Jandl die obige endgültige Version. – Meine fünfundachtzigjährige Mutter kocht täglich für sich und ihre sechsundsechzigjährige Tochter, mich, in ihrer kalten Küche Mittagmahl. Ich sehe, wenn ich gegen vierzehn

Uhr zu ihr komme, daß sie Mühe hat, sich auf den Beinen zu halten, sie stützt sich am Herd ab. Jeden Tag, wenn ich sie so wiedersehe, denke ich die Zeile: mütterchen steht nicht am herd ... und daß es diesen Tag einmal geben wird, womöglich schon in naher Zukunft. Sie wird dann nicht mehr am Herd stehen, sie wird plötzlich nicht mehr da sein, sie wird liegen, ausgestreckt, mit ihren blassen Händen, auf ihrer Brust gekreuzt, irgendwo, wo ich sie nicht mehr sehen werde, wo sie mich nicht mehr sehen wird, wo ich nicht hinreichen werde, von wo sie nicht herreichen wird.

Diese Zeile: mütterchen steht nicht am herd: drückt die verdammenswürdige, die entwürdigende Vergänglichkeit und Endlichkeit unseres Lebens aus, mütterchen steht nicht am herd – wohin ist sie gegangen. Bis zuletzt hat sie ihre Aufgabe erfüllt, sie hat ihre Sache geleistet.

Herd: ja, das ist dieser winzige Kanonenofen, mit dem sie uns über die bittersten Kriegswinter hinübergerettet hat, er hatte ein wenig, wenngleich nur für Stunden, Wärme gespendet, sie hat darauf kleine Mahlzeiten gekocht, Brotsuppe vermutlich und gehamsterte Kartoffeln.

Dieses Gedicht, ein kleines Meisterwerk eines mir nahestehenden Dichters, während eines heftigen Depressionsschubs entstanden, gehört zu meinen Lieblingsgedichten.

FRIEDERIKE MAYRÖCKER

Gesichter

Der erste Blick und der letzte
Kreuzen einander, in einer Drehung,
Verwundert über die kurze Distanz,
Die Sekunde Leben. Den Raum
Hat das Weiße im Auge, die Zeit
Der besessene Lidschlag getilgt.
Im Schwarz der Pupille ertrinken
Landschaften. Menschen und Städte.

Vergessen fängt in den Augen an,
Wie vom Schwanz her der Fisch
Zu stinken beginnt. Übers Gesicht
Läuft, ein Schatten, die alte Tierangst,
Bevor die Grimassen sich zeigen,
Die Masken, begehrlich schillernd.
Vieles ist menschlich, doch nichts
So unmenschlich wie das Gesicht

In den Phasen der Gier, der Gewalt.
Zwischen Säugling und Mumie,
Was sich eingräbt. sind Schrecken.
Und Lachen löst, Panik, Verzückung,
Die Züge auf. Wäscht denn der Traum
Nicht von innen die Augen blank?
Der letzte Blick und der erste
Sind ohne Beispiel. Von Vorsicht frei,
Finden sie nicht mehr zurück.

DURS GRÜNBEIN

Der Augenblick

Es ist dunkel geworden über der Stadt, das Treiben verschwunden, einer seltsamen Ruhe gewichen, keine Obdachlosen mehr, keine Straßenköter, nicht einmal lästige Tauben. Tagsüber stellen sie sich einem in den Weg, sind so menschengewöhnt, daß man, um an ihnen vorbeizukommen, nicht einfach nur auf sie zulaufen braucht, sondern sich durch die Zwischenräume, die sie einem lassen, schlängeln muß. Zum ersten Mal in meinem Leben frage ich mich, wo Tauben eigentlich nachts bleiben, wo sie Schlaf suchen, und schäme mich ein bißchen für diese Frage, weil ich mir denke, daß das die meisten Menschen in meinem Alter schon längst gewußt haben. Doch es macht mich nicht traurig, es nicht zu wissen, denn hätte ich es gewußt, hätte dieses Fragen, diese Verwunderung nie Besitz von mir genommen, hätte ich jetzt gewiß nicht in allen Ecken und Dächern neugierig nach Tauben Ausschau gehalten.

Während ich verträumt die Kirchendächer mit den Augen absuche, weil ich denke, daß ich, wäre es mein Schicksal gewesen, eine Taube zu sein, auf einem Kirchendach schliefe, während ich also den Kirchendächern meine Augen widme, widmen sich meine Ohren, wie aus dem Nichts, den Tönen eines Saxophons, die klar durch die Stille der Nacht getragen werden, von dem, der spielt, zu mir.

Ich eile, die Tauben vergessend, den Tönen nach. Ich komme zum Marktplatz, kann mich nicht umsehen, meine Augen werden gleich von einem Ort gebannt, der leuchtet, so unwirklich leuchtet, daß man denken könnte, es sei nicht spät in der Nacht. Das Licht läßt alles um sich herum verschwimmen, als wollte es etwas verbergen, diesen Ort vor Betrachtern schützen. Ich laufe dennoch darauf zu. Die Scheiben, durch die ich sehe, sind milchweiß, trüben den Blick, schenken mir nur Konturen, die ich füllen darf mit Gedanken an gute Weine, bauchige Flaschen in allen erdenklichen Glasfarben, an einen etwas älteren Kellner, wie er mit romanischem Bitt-e-se-h-r den Wein auf den Tisch stellt und wieder mit leichten Schritten hinter die Theke schwebt, um einem anderen einen Wunsch zu erfüllen, während ich mir das Glas auf die Lippen, den Geschmack des Weins auf die Zunge lege.

Plötzlich reißt mich eine Bewegung aus meinen Bildern, ich sehe einen Körper, sehe, wie er in den Raum hineinfließt, wie er sich sanft zu der Musik bewegt, wie er sich, genau genommen, kaum rührt und doch voller Regung, voller Leben ist. Ich erkenne eine Frau, deren linke Hand sanft über ihr Gesicht streicht, dann hinunter über ihren langen Hals gleitet, die geringe Entfernung zur Brust weiterfährt, wo sie ihre Hände um das Glas legt, das sie, eben in dieser Höhe, an ihren Körper preßt, für einen Augenblick zum Mund führt und wieder zurück an diese warme Stelle, den Kopf dabei zur Seite neigend, ein wenig nach hinten, so, als wollte sie dem Wein helfen, in sie hineinzufließen. Die ersten Sekunden denke ich, sie selbst spielt das Saxophon, doch es tönt einfach nur aus dem Nichts. Vielleicht sitzt in irgendeiner Ecke irgendein Mann, der Saxophon spielt, vielleicht bewegt sie sich für ihn, doch ich bin unverfroren genug, es für mich zu nehmen. Alles. Alles, was ich sehe, nehme ich für mich, in mich. Ich kann ihr Haar sehen, wie es sich in seiner Dunkelheit über ihre Schultern legt, wie es sich wellt, kann ihre Lippen erkennen, wie sie sich nicht einen Millimeter verziehen, aber doch lächeln, so wie es nur die Lippen geheimnisvoller Frauen können, denke ich, Lippen, die man dann mit den seinen danach befragen möchte, wie es denn gelingt, daß sie sich nicht regen, daß das Gesicht verträumt und starr ist, aber daß die Lippen lächeln.

Kaum merklich, fast, als würde sie es nicht tun, macht die Frau nun einen Schritt zur Seite, unwirklich, als würden ihre Beine ihren Hüften folgen und nicht andersherum, und im selben Moment, da ich das sehe, sehe ich auch, wie ihre Augen in den Spiegel hinter einer Art Bar blicken, wie sie sich sieht für wenige Sekunden, wenn überhaupt für Sekunden, eine kleine Spiegelfläche findet, die frei von Flaschen ist und in der ich ihr Gesicht sehe, ihre Züge und diesen Blick einer Frau, die mit ihren Augen nicht verführen will, ihren Blick nicht verstellt, wie sie es wohl tun würde, wenn sie ihn einem Mann zuwerfen könnte, dem sie gefallen will, einen Blick, in dem sie sich einfach überrascht und frei von Prüfung ansieht, frei von Gefallsucht und Beobachtung, einfach nur ein dunkles Augenpaar, das sie durch ein Glas Wein ansieht und das es mir unmöglich macht, zu bleiben, mich zwingt, von ihr zu gehen, weil ich etwas Einmaliges gesehen habe, etwas, das ich mir ins Gedächtnis brennen werde, wenn es mir gelingt, diese Beobachtung jetzt nicht fortzusetzen, nichts mehr geschehen, es unter keinen Umständen zu einer Geschichte werden zu lassen. Ja, ich muß gehen.

Und so eile ich davon, weil ich weiß, daß sich so nie wieder eine Frau vor meinen Augen bewegen wird, mit dieser Leichtigkeit, dieser Bescheidenheit, mit der sie eben ihren Körper bewegt hat. Es ist mir ein Leichtes, zu fliehen.

Ich folge der Stille der Nacht, laufe in der Ruhe der Straßen, weiß immer noch nicht, ob denn nun eine Platte oder ein Saxophon diese Töne durch die Nacht geschickt hat, ob es nicht vielleicht sogar eine Trompete war, die mich zu ihr, zu diesem Augenblick, geführt hat, und ich schäme mich dieser Frage ein wenig, weil ich denke, daß die meisten in meinem Alter schon längst gewußt haben, was eine Trompete und was ein Saxophon ist. Ich, ich weiß nur, daß sich so nie wieder eine bewegen wird, auch sie nicht, und ich bin der einzige, der weiß, wie es, wie sie, war. Der einzige.

JAGODA MARINIC

Jahre kommen, Jahre schwinden,
Alt das Neue, neu das Alte;
Um das Wesen zu ergründen,
Stets den Blick dir klar erhalte.
Hoffe nicht und sei nicht bange:
Nichts ist flüchtger als die Welle;
Was man auch von dir verlange,
Bleibe kühl in eigner Helle.

Vieles zieht an uns vorüber.
An das Ohr, es drängt so vieles;
Wem wird da der Kopf nicht trüber
In der Wirrung des Gefühles!
Von den anderen dich löse,
Um den Weg zu dir zu finden,
Wenn in nichtigem Getöse
Jahre kommen, Jahre schwinden.

Daß des sichern Urteils Waage
Nie vom Trug des Augenblickes
Schwanke aus der gleichen Lage,
Traue nicht dem Schein des Glückes.
Die Minute hat's geboren
Ohne Kraft, daß sie es halte;
Es verkünden dir die Horen
Alt das Neue, neu das Alte.

Wie auf Vorstadtbühnenrampen
Muß dir diese Welt erscheinen:
Königinnen spielen Schlampen,

Hohl ihr Lachen, leer ihr Weinen.
Ruhm und Schande, Haß und Liebe,
Daß die Sinne nicht erblinden!
Halt dich fern von dem Getriebe,
Um das Wesen zu ergründen.

Künftigen Tag, vergangne Zeiten,
Ihre Zeichen kannst du lesen
Auf des gleichen Blattes Seiten:
Beides, Werden und Gewesen.
Doch aus Anfang und aus Ende
Dir die Gegenwart gestalte;
und vor jeder eiteln Wende
Stets den Blick dir klar erhalte.

Denn dem Unabänderlichen
Sprang noch keiner aus dem Rachen:
Seit Jahrtausenden schon gleichen
Menschen sich in Schmerz und Lachen.
Wechselt Maske auch und Stimme,
Jeder folgt dem gleichen Drange;
Auf so täuschungsreicher Kimme
Hoffe nicht und sei nicht bange.

Über Abgründe voll Schrecken
Mußt du gehn zum reinen Firne,
Stets ein Ärgernis den Gecken,
Mit dem Stern auf deiner Stirne.
Mögen sie ihr schnöd Verdienen
Rühmen noch mit frecher Schelle,

Mach dich nie gemein mit ihnen:
Nichts ist flüchtger als die Welle.

Mit dem Lockruf der Sirene
Wirft die Welt nach dir die Netze;
Und bis zu der letzten Szene
Jagt sie dich in wilder Hetze.
Klug entgehe ihrer Schlinge,
Daß sich nie das Herz verfange;
Nein, niemals dich ihr verdinge,
Was man auch von dir verlange.

Meide jegliche Berührung,
Schweige vor den Lästerzungen;
Glaubst du noch an eine Führung
Welker Greise, grüner Jungen?
Was sie reden, ist Geschwätze,
Kommt wie sie nicht von der Stelle.
Wahr in dir des Herzens Schätze,
Bleibe kühl in eigner Helle.

Bleibe kühl in eigner Helle,
Was man auch von dir verlange;
Nichts ist flüchtger als die Welle;
Hoffe nicht und sei nicht bange.
Stets den Blick dir klar erhalte,
Um das Wesen zu ergründen;
Alt das Neue, neu das Alte,
Jahre kommen, Jahre schwinden.

MIHAI EMINESCU

Zu dieser Ausgabe

»Jeden Augenblick des Lebens, er falle, aus welcher Hand des Schicksals er wolle, uns zu, den günstigen, so wie den ungünstigen, zum bestmöglichen zu machen, darin besteht die Kunst des Lebens, und das eigentliche Vorrecht eines vernünftigen Wesens.« Mit diesem Satz begreift Georg Christoph Lichtenberg die Metapher des Augenblicks als Herausforderung, sich dem Leben zu stellen, das ganz von ihm umschlossen ist. Es entsteht, und es vergeht, wie das Universum, in einem einzigen Augenblick.

Zwischen Anfang und Ende aber sind wir gefordert; jeder entscheidet selbst, ob er sich dem Augenblick überläßt, ob es sich um die günstige oder die Stunde zur Unzeit handelt, ob es der rechte oder der falsche Moment ist, der ihn bewegt. Es kommt darauf an, was wir aus ihm machen, wie wir ihn verstehen und umsetzen: »Ein jeder lernt nur, was er lernen kann; / Doch der den Augenblick ergreift ...«

Die Griechen nannten ihn Kairos, den rechten Zeitpunkt, zu dem etwas glückt, weil Menschliches und Göttliches zusammentreffen, und das »Nun« galt den Mystikern als jener Moment des Erkennens, der blitzartig die Wahrheit offenbart. Kierkegaard definierte den Augenblick als das Zusammentreffen von Geist und Leib, von Zeit und Ewigkeit, als den Ursprung der menschlichen Existenz.

Noch der kürzeste Augenblick gibt einen Vorschein unendlicher Dauer. Der bewußt erlebte Augenblick versöhnt das Davor mit dem Danach: Trauer über den Verlust des Vergangenen und Hoffnung auf bessere Zukunft werden vom Vertrauen in die Gegenwart, in das Hier und Jetzt besiegt. Und so mag sich auch Erfolg einstellen, denn Fortüne braucht den Augenblick.

Den »mächtigsten von allen Herrschern«, wie Schiller ihn nannte, aber festhalten, zum »Verweilen« zwingen zu wollen, schließt das Scheitern schon ein.

Ob sie ihn bleibend wünschen oder froh sind, daß er flüchtig ist, alle hier versammelten Gedichte, Erzählungen, Essays und Aphorismen versuchen dem Augenblick auf die Spur zu kommen; auf je unterschiedliche Weise bezeugen sie die Gunst des Augenblicks als einmalige, erfüllte Gegenwart, als Gegenwärtigkeit des Gelebten, als Chance des Lebens.

Hans-Joachim Simm

Autoren- und Quellenverzeichnis

PETER ALTENBERG (1859-1919)
Es war ein Frühlingsmorgen (Das Genie) (S. 43), in: P. A., Wie ich es sehe (1896), Berlin: S. Fischer, 1914, S. 264.

ACHIM VON ARNIM (1781-1831)
Sonett (S. 30), aus: Armut, Reichtum, Schuld und Buße der Gräfin Dolores (1810), in: A. v. A., Werke, Bd. 1-6, Bd. 1, hg. v. Paul Michael Lützeler, Frankfurt am Main: Deutscher Klassiker Verlag 1989, S. 553.

JÜRGEN BECKER (geb. 1932)
Wie schnell wir sprechen und leben (S. 119), in: J. B., Beispielsweise am Wannsee. Gedichte, Frankfurt am Main: Suhrkamp (Bibliothek Suhrkamp 1112) 1992, S. 89.

WALTER BENJAMIN (1892-1940)
Auf die Minute (S. 65; 1934), in: W. B., Gesammelte Schriften, IV/2, hg. v. Tillman Rexroth, Frankfurt am Main: Suhrkamp 1980, S. 761-763

ELISABETH BORCHERS (geb. 1926)
Eines Tages (S. 106), in E. B., Was ist die Antwort, Frankfurt am Main: Suhrkamp 1998, S. 39.

VOLKER BRAUN (geb. 1939)
Die Augenblicke (S. 121; 1965), in: V. B., Gedichte, Frankfurt am Main: Suhrkamp (suhrkamp taschenbuch 499) 1979, S. 13.

BERTOLT BRECHT (1898-1956)
An R. (S. 69; 1950), in: B. B., Ausgewählte Werke in sechs Bänden, Frankfurt am Main: Suhrkamp 1997, Bd. 4, S. 402 f.

GEORG BÜCHNER (1813-1837)
Der Hauptmann. Woyzeck (S. 36), aus: Woyzeck (1836/37), in: G. B., Sämtliche Werke, Briefe und Dokumente, Bd. 1-2, hg. v. Henri Poschmann, Bd. 1, Frankfurt am Main: Deutscher Klassiker Verlag 1992, S. 205 f.

PAUL CELAN (1920-1970)
Wirk nicht voraus (S. 94; 1970), in: P. C., Lichtzwang, Frankfurt am Main: Suhrkamp (Bibliothek Suhrkamp 1143) 1994, S. 102. © 1970.

E. M. CIORAN (1911-1995)
Augenblick und Ewigkeit (S. 100; 1933), in: E. M. C., Auf den Gipfeln der Verzweiflung, Frankfurt am Main: Suhrkamp (Bibliothek Suhrkamp 1008) 1989, S. 89-91.

MAX DAUTHENDEY (1867-1918)
Anfang und Ausgang (S. 44), in: M. D., Keine Wolke hält still. Erzählungen und Gedichte, hg. v. Gerhard Desczyk, Berlin: Union 1970, S. 281.

ANNETTE VON DROSTE-HÜLSHOFF (1797-1848)
Die rechte Stunde (S. 33; 1835), in: A. v. D., Sämtliche Werke, hg. v. Bodo Plachta und Winfried Woesler, Bd. 1-2, Frankfurt am Main: Deutscher Klassiker Verlag 1994, Bd. 1, S. 112.

GÜNTER EICH (1907-1972)
Behalte den Augenblick (S. 95; 1955), in: G. E., Gesammelte Werke, Band 1: Die Gedichte. Die Maulwürfe, hg. v. Axel Vieregg, Frankfurt am Main: Suhrkamp 1991, S. 96.

MIHAI EMINESCU (1850-1889)
Jahre kommen (S. 138; Glosse, 1882), in: M. E., Hunderte von Masten, hg. v. Roland Erb, Leipzig: Insel (Insel-Bücherei 673) 1982, S. 63-65. (Übersetzung: Hermann Roth)

HANS MAGNUS ENZENSBERGER (geb. 1929)
Kurze Geschichte der Bourgeoisie (S. 109; 1980), in: H. M. E., Die Gedichte, Frankfurt am Main: Suhrkamp 1983, S. 365.

MARIELUISE FLEISSER (1901-1974)
An einen Kameraden (S. 88; 1930), in: M. F., Gesammelte Werke, hg. v. Günther Rühle, Frankfurt am Main: Suhrkamp 1989, Bd. 4: Aus dem Nachlaß, S. 52-55.

THEODOR FONTANE (1819-1898)
Memento (S. 39; 1845), in: Th. F., Gedichte in einem Band, hg. v. Otto Drude, Frankfurt am Main und Leipzig: Insel 1998, S. 10.

MAX FRISCH (1911-1991)
Kein Grund zur Panik (Vorkommnis) (S. 98), in: M. F., Tagebuch 1966 bis 1971, Frankfurt am Main: Suhrkamp (Bibliothek Suhrkamp 1971) 1989, S. 341 f. © 1972.

CHRISTIAN FÜRCHTEGOTT GELLERT (1715-1769)
Der Arme und das Glück (S. 17), aus: Fabeln und Erzählungen, 3. Buch (1754), in: F. G., Werke, Bd. 1-2, hg. v. Gottfried Honnefelder, Frankfurt am Main: Insel 1979, Bd. 1, S. 204 f.

CATHARINA ELISABETH GOETHE (1731-1808)
Daß ihnen die überschickten Sachen (S. 19), in: Die Briefe von Goethes Mutter, hg. v. Mario Leis, Karl Riha und Carsten Zelle, Frankfurt am Main und Leipzig: Insel (insel taschenbuch 1550) 1996, S. 310 f.

JOHANN WOLFGANG GOETHE (1749-1832)
Es ist schwer (S. 5; 1821), in: J. W. G., Sämtliche Werke, Bd. 1-40, Bd. 13: Sprüche in Prosa, hg. v. Harald Fricke, Frankfurt am Main: Deutscher Klassiker Verlag 1993, S. 16. – Ich bin des trocknen Tons nun satt (S. 15), aus: Faust I (1808), in: ebd., Bd. 7/I: Faust. Texte, hg. v. Albrecht Schöne, 1994, S. 86. – Faust. Und Schlag auf Schlag (S. 20), aus: Faust I (1808), in: ebd., Bd. 7/I: Faust. Texte, hg. v. Albrecht Schöne, 1994, S. 76. – Faust. Das ist der Weisheit letzter Schluß (S. 20), aus: Faust II (1830), in: ebd., S. 446.

DURS GRÜNBEIN (geb.1962)
Gesichter (S. 133), aus: Trio für ein distanziertes Auge (II), in: D. G., Nach den Satiren, Frankfurt am Main: Suhrkamp 1999, S. 211.

PETER HANDKE (geb. 1942)
Schon lange will ich (S. 123), in: P. H., Gedicht an die Dauer, Frankfurt am Main: Suhrkamp (Bibliothek Suhrkamp 930) 1986, S. 9-12.

HERMANN HESSE (1877-1962)
Schönes Heute (S. 9; 1903), in: H. H., Die Gedichte, hg. v. Volker Michels, Frankfurt am Main und Leipzig: Insel 1998, S. 223. – Eines Morgens

erwachte ich (S. 61), in: H. H., Glück. Späte Prosa. Betrachtungen, Frankfurt am Main: Suhrkamp (Bibliothek Suhrkamp 344) 1984, S. 52-54.

PAUL HEYSE (1830-1914)
Glückszuwachs (S. 37; 1885), in: P. H., Werke, hg. v. Bernhard und Johanna Knick, Hildegard Korth, Frankfurt am Main: Insel 1980, Band 1, S. 163.

FRANZ HODJAK (geb. 1944)
Sekundengedicht (S. 127), in: F. H., Landverlust. Gedichte, Frankfurt am Main: Suhrkamp 1993, S. 53 f.

HUGO VON HOFMANNSTHAL (1874-1929)
Wovon unsere Seele sich nährt (S. 22), aus: Das Gespräch über Gedichte (1903), in: H. v. H., Brief des Lord Chandos. Poetologische Schriften, Reden und erfundene Gespräche, hg. v. Hansgeorg Schmidt-Bergmann, Frankfurt am Main und Leipzig: Insel (insel taschenbuch 2659) 2000, S. 172-174. – Gute Stunde (S. 49), in: H. v. H., Die Gedichte, hg. v. Hansgeorg Schmidt-Bergmann, Frankfurt am Main und Leipzig: Insel (insel taschenbuch 2623) 2000, S. 20.

HORAZ (65-8 v. Chr.)
Du frage nicht (S. 13), aus: Carmina (23. v. Chr.) I, 11, in: Horaz, Sämtliche Gedichte, Lat.-dt., hg. v. Bernhard Kytzler, Stuttgart: Reclam (RUB 8573) 1992, S. 31.

PETER HUCHEL (1903-1981)
Zwölf Nächte (S. 7; 1938), in: P. H., Gesammelte Werke, hg. v. Axel Vieregg, Frankfurt am Main: Suhrkamp 1984, Bd. 1, S. 94 f. © 1948 by Aufbau-Verlag Berlin.

MARIE LUISE KASCHNITZ (1901-1974)
Der Augenblick (S. 93; 1942), in: M. L. K., Gesammelte Werke, hg. v. Christian Büttrich und Norbert Miller, Bd. 5: Die Gedichte, Frankfurt am Main: Insel 1985, S. 105. © Iris Schnebel-Kaschnitz.

NISHIDA KITARŌ (1870-1945)
Wissen und Liebe (S. 54), in: N. K., Über das Gute (1911), Frankfurt am Main: Insel 1989, S. 217-220.

HEINRICH VON KLEIST (1777-1811)
Anekdote aus dem letzten preußischen Kriege (S. 27; 1810), in: H. v. K., Sämtliche Werke und Briefe, Bd. 1-4, Bd. 3, hg. v. Klaus Müller-Salget, Frankfurt am Main: Deutscher Klassiker Verlag 1990, S. 356 f.

ALEXANDER KLUGE (geb. 1932)
Der Eigentümer (S. 110), in: A. K., Chronik der Gefühle, Frankfurt am Main: Suhrkamp 2000, Bd. 1, S. 15-19.

ADOLPH VON KNIGGE (1752-1796)
Hüte Dich also (S. 18), in: A. v. K., Über den Umgang mit Menschen (1788), hg. v. Gert Ueding, Frankfurt am Main: Insel (insel taschenbuch 273) 1977, S. 82 f.

UWE KOLBE (geb. 1957)
Zur blauen Stunde (S. 129), in: U. K., Vineta. Gedichte, Frankfurt am Main: Suhrkamp 1998, S. 27.

KARL KROLOW (1915-1999)
Augenblicke (S. 103), in: K. K., Gesammelte Gedichte, Bd. 4, Frankfurt am Main: Suhrkamp 1997, S. 71.

TOMASO DI LAMPEDUSA (1896-1957)
Zwei Tage vor seiner Abreise (S. 71), aus: Die Sirene (1956), in: T. d. L., Die Sirene. Erzählungen, übers. v. Charlotte Birnbaum, Frankfurt am Main: Suhrkamp 1997 (Bibliothek Suhrkamp 1246), S. 40-61. © Piper Verlag GmbH, München 1961.

GEORG CHRISTOPH LICHTENBERG (1742-1799)
Jeden Augenblick des Lebens (S. 5), in: G. Chr. L., Schriften und Briefe, hg. v. Wolfgang Promies, Bd. 1-3, München: Hanser, 1967 ff., Bd. 2, S. 170 (Aphorismen, G 212; 1779-1783).

OSKAR LOERKE (1884-1941)
Augenblick (S. 60; 1916), in: O. L., Die Gedichte, hg. v. Peter Suhrkamp, Frankfurt am Main: Suhrkamp 1983, S. 124 (auch suhrkamp taschenbuch 1049).

JAGODA MARINIC (geb. 1977)
Der Augenblick (S. 134), in: J. M., Eigentlich ein Heiratsantrag, Frankfurt am Main: Suhrkamp 2001, S. 101-103.

MARK AUREL (121-180 v. Chr.)
Bedenke, wie vielerlei (S. 13), in: M. A., Meditationen (170/78), übers. v. F. C. Schneider, Breslau: Trewendt 1875, S. 76.

FRIEDERIKE MAYRÖCKER (GEB. 1924)
Zu: in der küche ist es kalt (S. 130; 1990), In. F. M., Requiem für Ernst Jandl, Frankfurt am Main: Suhrkamp 2001, S. 23-27.

MEISTER ECKHART (1260-vor 1328)
Besäße ein Mensch ein ganzes Königreich (S. 14), aus: Predigt 2, in: M. E., Werke, hg. v. Niklaus Largier, Bd. 1, Frankfurt am Main: Deutscher Klassiker Verlag 1993, S. 31.

CONRAD FERDINAND MEYER (1825-1898)
Ohne Datum (S. 40; 1879), in: C. F. M., Sämtliche Werke in zwei Bänden, hg. Erwin Laaths, München: Winkler, 1968, Bd. 1, S. 42.

EDUARD MÖRIKE (1804-1875)
Auf einer Wanderung (S. 34; 1845), in: E. M., Die schönsten Gedicht, hg. v. Hermann Hesse, Frankfurt am Main und Leipzig: Insel (insel taschenbuch 2540) 1999, S. 73 (urspr. Suhrkamp 1978).

HEINER MÜLLER (1929-1995)
Traumwald (S. 108; 1994), in: H. M., Ende der Handschrift. Gedichte, hg. v. Durs Grünbein, Frankfurt am Main: Suhrkamp 2000 (Bibliothek Suhrkamp 1335), S. 87.

FRIEDRICH NIETZSCHE (1844-1900)
Ihr höheren Menschen (S. 42), aus: Also sprach Zarathustra (1883-85), in: F. N., Kritische Studienausgabe, hg. v. Giorgio Colli und Mazzino Montinari, München: Deutscher Taschenbuch Verlag 1999, Bd. 4, S. 402.

CEES NOTEBOOM (geb. 1933)
Du sagtest (S. 120), in: C. N., Das Gesicht des Auges, übers. v. Ard Post-

huma, Frankfurt am Main: Suhrkamp (Bibliothek Suhrkamp 1223) 1996, S. 29. © 1991, 1994.

OCTAVIO PAZ (geb. 1914)
Alle Namen sind (S. 104), aus: Sonnenstein (1957), in: O. P., Das fünfarmige Delta, übers. v. Fritz Vogelgsang und Rudolf Wittkopf, Frankfurt am Main: Suhrkamp 2000, S. 27-29.

AUGUST VON PLATEN (1796-1835)
Du denkst, die Freude festzuhalten (S. 32; 1823), in: A. v. P., Wer wußte je das Leben? Ausgewählte Gedichte, hg. v. Rüdiger Görner, Frankfurt am Main und Leipzig: Insel (insel taschenbuch 1713) 1996, S. 18.

PLATON (428/27-348/47 v. Chr.)
Der Augenblick (S. 12), aus: Parmenides (nach 360 v. Chr.), in: Platon, Sämtliche Werke, Berlin: Lambert Schneider 1940, Bd. 2, S. 540 f.

PREDIGER SALOMONIS (um 250 v. Chr.)
Ein jegliches hat seine Zeit (S. 10), aus: Prediger, 3. Kapitel, 1-22, in: Martin Luther, Die ganze Heilige Schrift, Berlin 1912.

MARCEL PROUST (1871-1922)
In jenen Augenblicken tiefer Erleuchtung (S. 46), in: M. P., Werke III, Band 1-2: Jean Santeuil [1896-1900], übers. v. Eva Rechel-Mertens, Frankfurt am Main: Suhrkamp 1965, Bd. 1, S. 23 f.

ALEXANDER PUSCHKIN (1799-1837)
Vorahnung (S. 35; 1828), in: A. P., Die Gedichte. Russ.-dt., übers. v. Michael Engelhard, hg. v. Rolf-Dietrich Keil, Frankfurt am Main und Leipzig: Insel 1999, S. 633.

RAINER MARIA RILKE (1875-1926)
Wenn ich mich gleich bewahre (S. 48; 1924), in: R. M. R., Kommentierte Ausgabe, Bd. 1-4, Bd. 2, hg. v. Manfred Engel und Ulrich Fülleborn, Frankfurt am Main und Leipzig 1996, S. 349. – Liebes-Lied (S. 122; 1907), in: ebd., Bd. 1, S. 450.

JANNIS RITSOS (1909-1990)
Unbewegt (S. 97), in: J. R., Gedichte, hg. v. und übers. v. Klaus-Peter

Wedekind, Frankfurt am Main: Suhrkamp (Bibliothek Suhrkamp 1077) 1991, S. 21.

MERCÈ RODOREDA (1909-1983)
Blaue Blume (S. 96), in: M. R., Reise ins Land der verlorenen Märchen. Poetische Prosastücke, übers. v. Angelika Maass, Frankfurt am Main: Suhrkamp (Bibliothek Suhrkamp 707) 1981, S. 121.

LUDWIG RUBINER (1881-1920)
Auf der Welt lebt man (S. 45), aus: Homer und Monte Christo (1914), in: L. R., Der Mensch in der Mitte, Potsdam: Kiepenheuer, 1920, S. 47.

PAUL SCHEERBART (1863-1915)
Es ist nur gut (S. 5), aus: P. S., Lesabéndio. Ein Asteroiden-Roman, München und Leipzig: Georg Müller 1913, S. 118.

FRIEDRICH SCHILLER (1759-1805)
Die Gunst des Augenblicks (S. 25; 1802), in: F. S., Sämtliche Gedichte, hg. v. Jochen Golz, Frankfurt am Main und Leipzig: Insel 1991, S. 516f.

ARTHUR SCHOPENHAUER (1788-1860)
Man sollte beständig (S. 31), in: A. S., Aphorismen zur Lebensweisheit (1851), hg. v. Arthur Hübscher, Stuttgart: Reclam (Universal-Bibliothek 5002) 1991, S. 207.

WILLIAM SHAKESPEARE (1564-1616)
Die Verse, die ich früher schrieb (S. 16), in: William Shakespeare/Karl Kraus, Shakespeares Sonette, Nachdichtung von Karl Kraus (Karl Kraus Schriften, hg. v. Christian Wagenknecht, Band 20), Frankfurt am Main: Suhrkamp (suhrkamp taschenbuch 1330) 1994, S. 347.

SOKRATES (um 470-399 v. Chr.)
Gefragt, wie er so viele Dinge (S. 12), aus: Sokrates antwortet. Antike Lebensweisheiten, hg. v. Alexander Demandt, Frankfurt am Main und Leipzig (insel taschenbuch 2376) 1998. © Artemis Verlag, Zürich 1992.

THEODOR STORM (1817-1888)
Lied des Harfenmädchens (S. 38; 1851), in: Th. S., Sämtliche Werke,

Bd. 1-4, Bd. 1, hg. v. Dieter Lohmeier, Frankfurt am Main: Deutscher Klassiker Verlag 1987, S. 16.

GIUSEPPE UNGARETTI (1888-1970)
Wild gewordene Erde (S. 87; 1942), aus: Tag für Tag, in: G. U., Gedichte. Ital.-dt., übers. v. Ingeborg Bachmann, Frankfurt am Main: Suhrkamp (Bibliothek Suhrkamp 70) 1961, S. 129-131 (Str. 8-11).

PAUL VALÉRY (1871-1945)
Stunde (S. 59; 1916/19) in: P. V., Werke, Bd. 1-7, Bd. 1: Dichtung und Prosa, hg. v. Karl Alfred Blüher und Jürgen Schmidt-Radefeldt, Frankfurt am Main und Leipzig: Insel 1992, S. 195-197 (übers. v. Peter Schwanz).

MARTIN WALSER (geb. 1927)
An einem Tag passiert (S. 107), in: M. W., Meßmers Gedanken (1985), Frankfurt am Main: Suhrkamp 1987 (Bibliothek Suhrkamp 946), S. 90, 91, 96.

ROBERT WALSER (1878-1956)
Dornröschen (S. 51; 1917), in: R. W., Poetenleben, Frankfurt am Main: Suhrkamp (Bibliothek Suhrkamp 986) 1988 © 1978, 1986, S. 18-21. – Es gibt Stunden im Leben (S. 70), aus: Poetenleben, in: R. W., Lektüre für Minuten. Gedanken aus seinen Büchern und Briefen, hg. v. Volker Michels, Zürich 1978, S. 193.

STEFAN ZWEIG (1881-1942)
Die Weltminute von Waterloo (S. 50), in: St. Z., Sternstunden der Menschheit. Fünf historische Miniaturen (1927), Frankfurt am Main: Insel (Insel-Bücherei 165) 45. Aufl. 1998, S. 7.

Inhalt

Leseempfehlungen 2001

Isabel Allende
Porträt in Sepia
Roman. Übersetzt von Lieselotte Kolanoske
512 Seiten. Gebunden

Antonia S. Byatt
Das Geheimnis des Biographen
Roman. Übersetzt von Melanie Walz
300 Seiten. Gebunden

Louis Begley
Schmidts Bewährung
Roman. Übersetzt von Christa Krüger
320 Seiten. Gebunden

Sigrid Damm
Christiane und Goethe. Eine Recherche
Mit Abbildungen
it 2800 und Pappband. 542 Seiten

Dagmar von Gersdorff
Goethes Mutter
Eine Biographie
464 Seiten. Leinen

NF 65/157/5.01

NF 65/158/5.01